This book belongs to:

_____

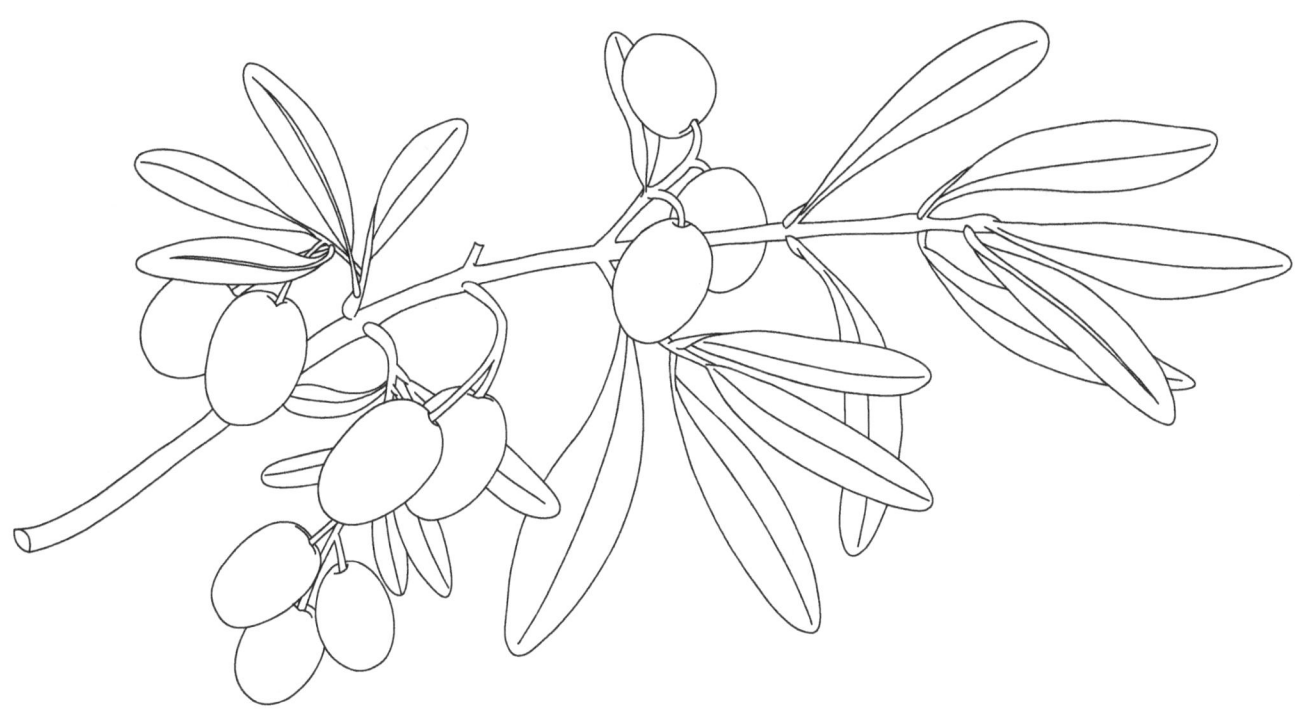

Ananas comosus (Pineapple)

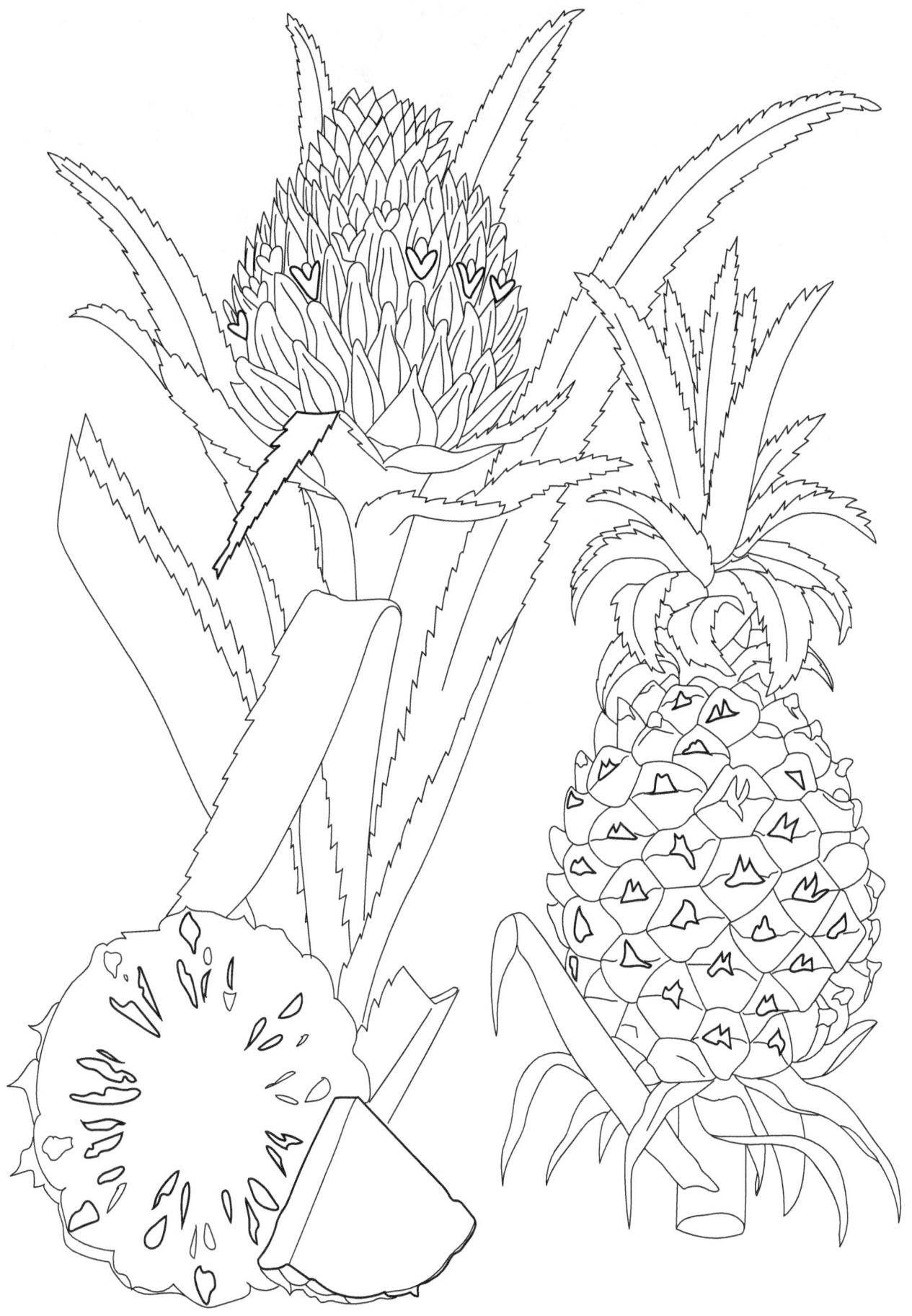

Olea europaea (Olive)

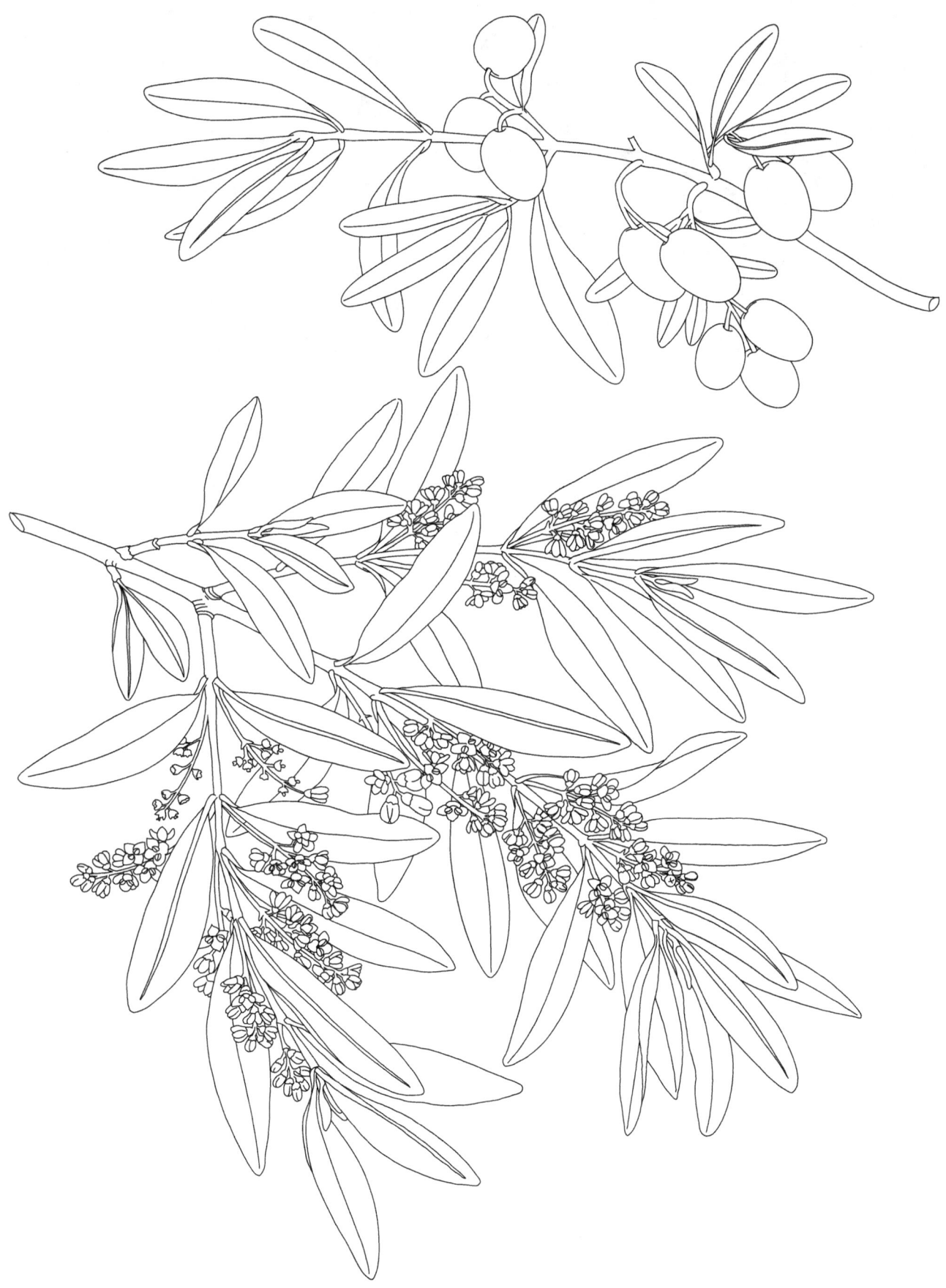

Arachis hypogaea (Peanut)

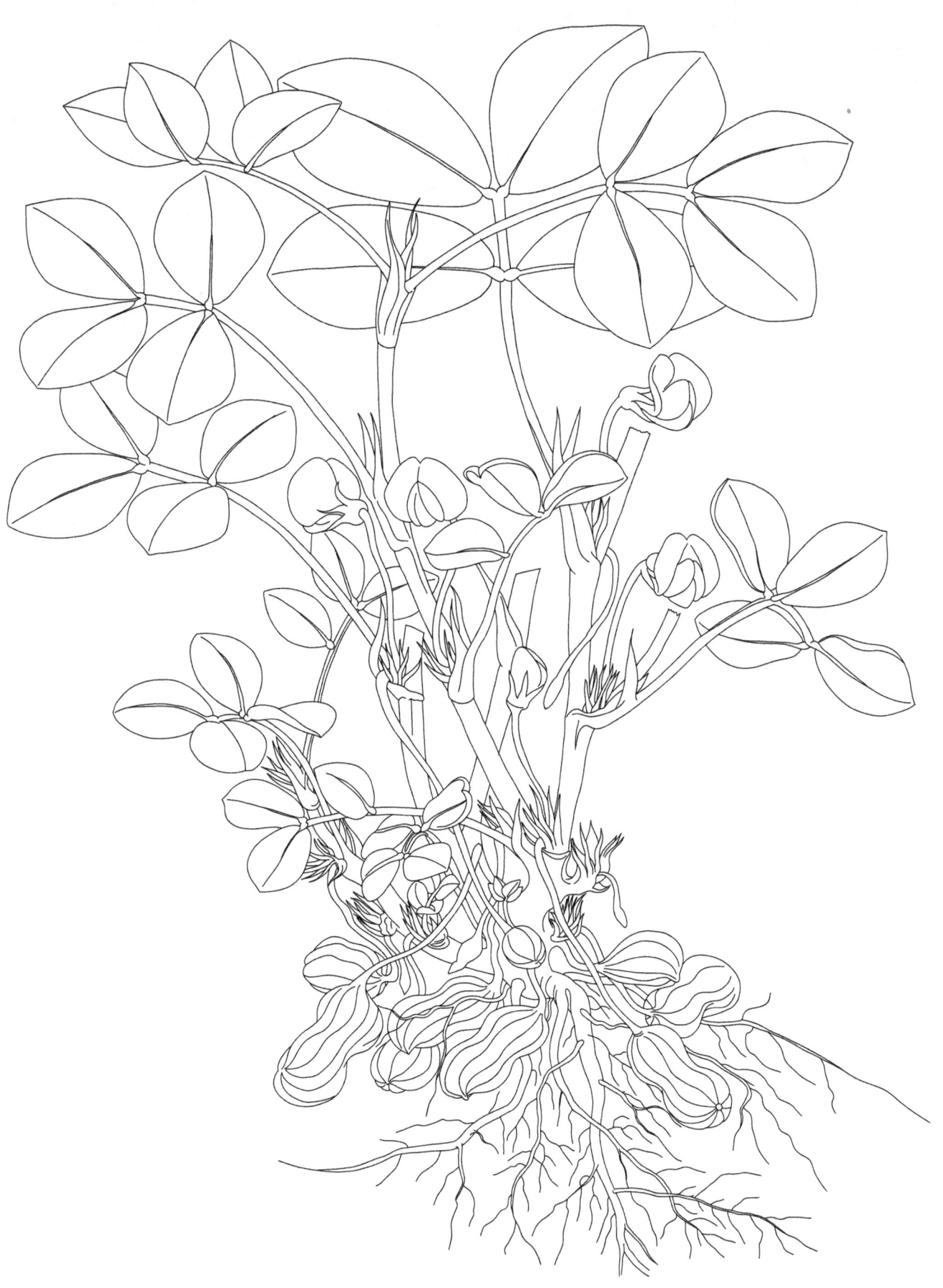

Capsicum annuum Group (Bell Pepper)

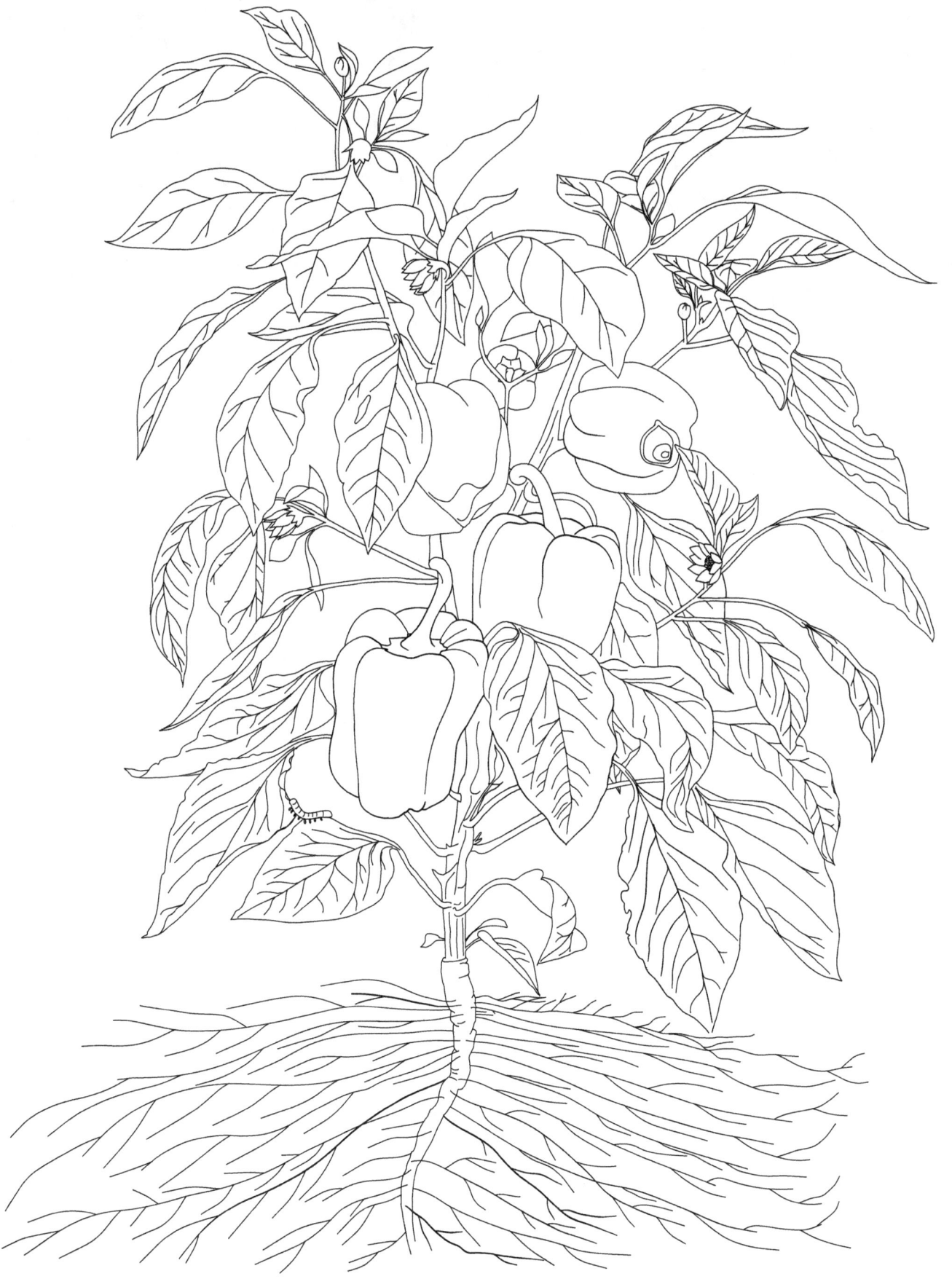

Persea americana (Avocado)

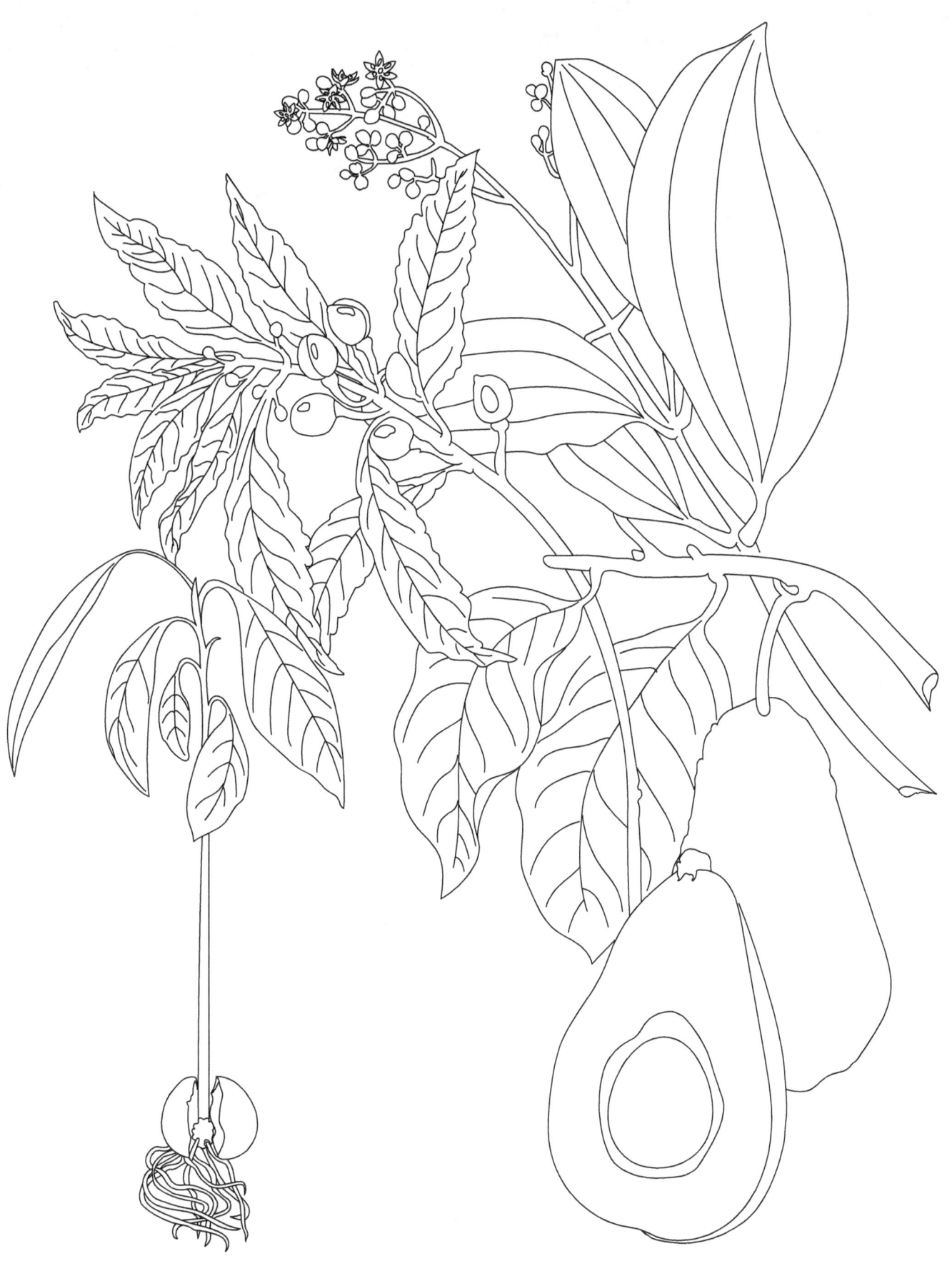

Musa (Banana)

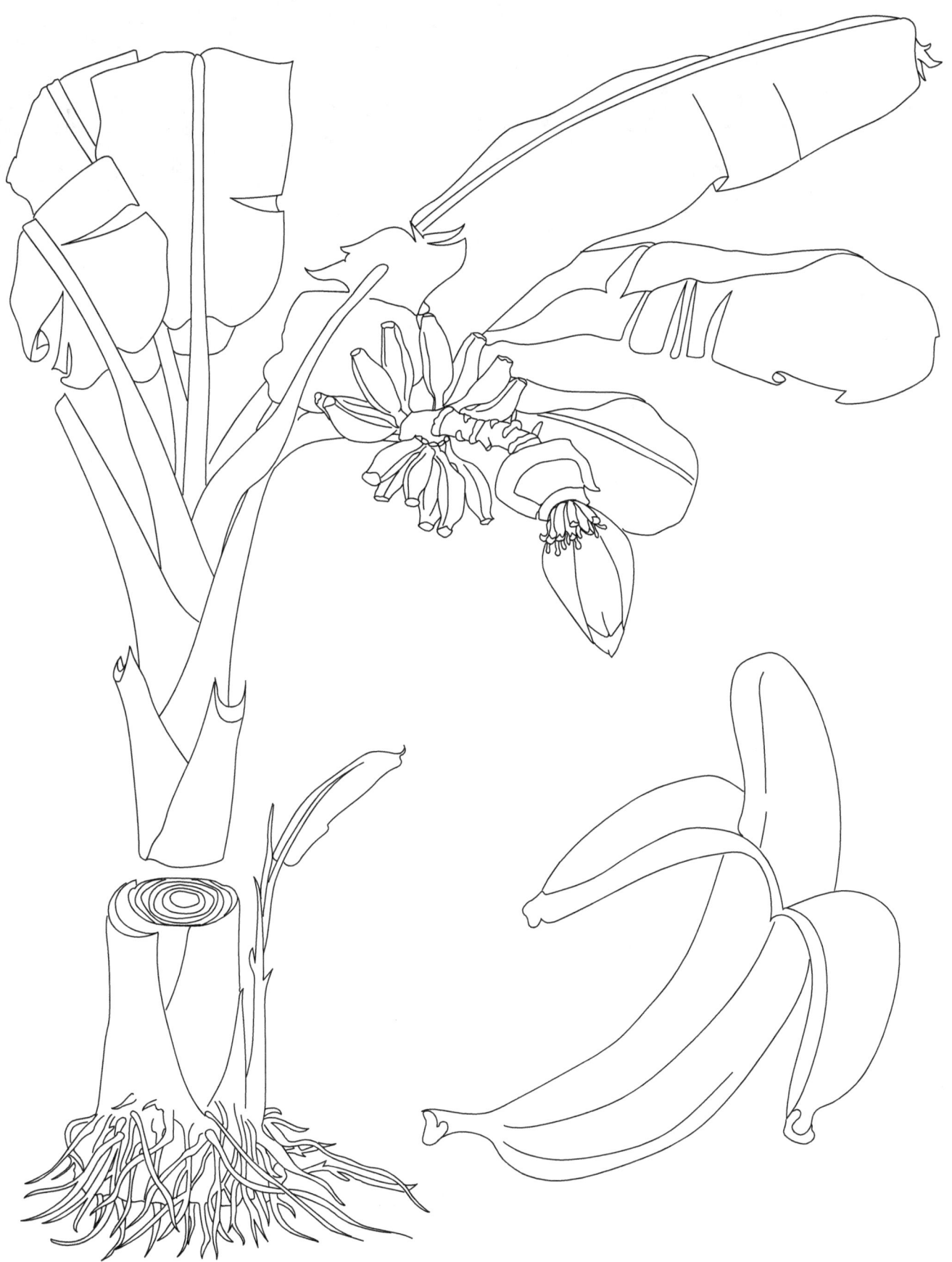

Cyanococcus (Blueberry)

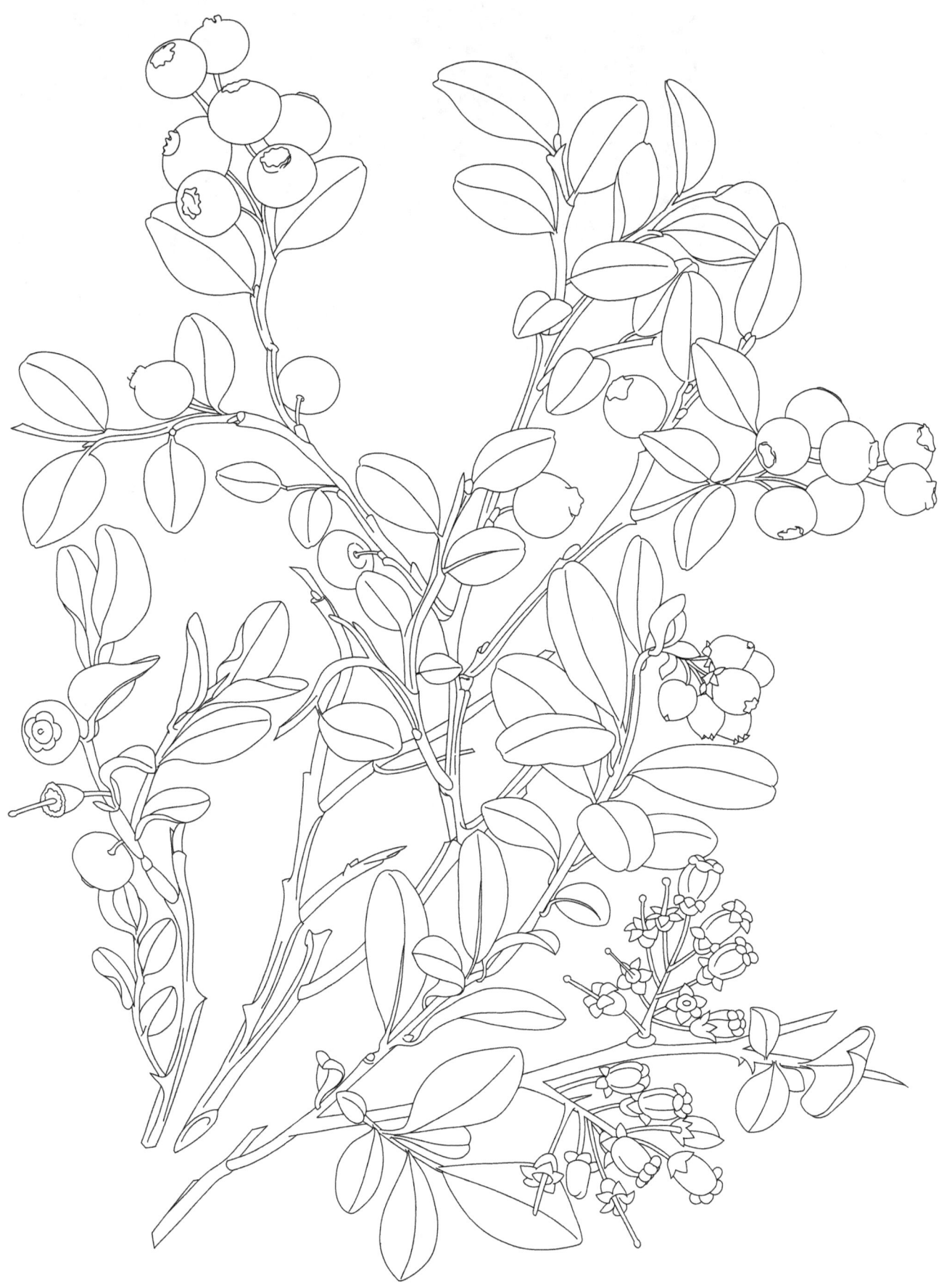

Brassica oleracea var. italica (Broccoli)

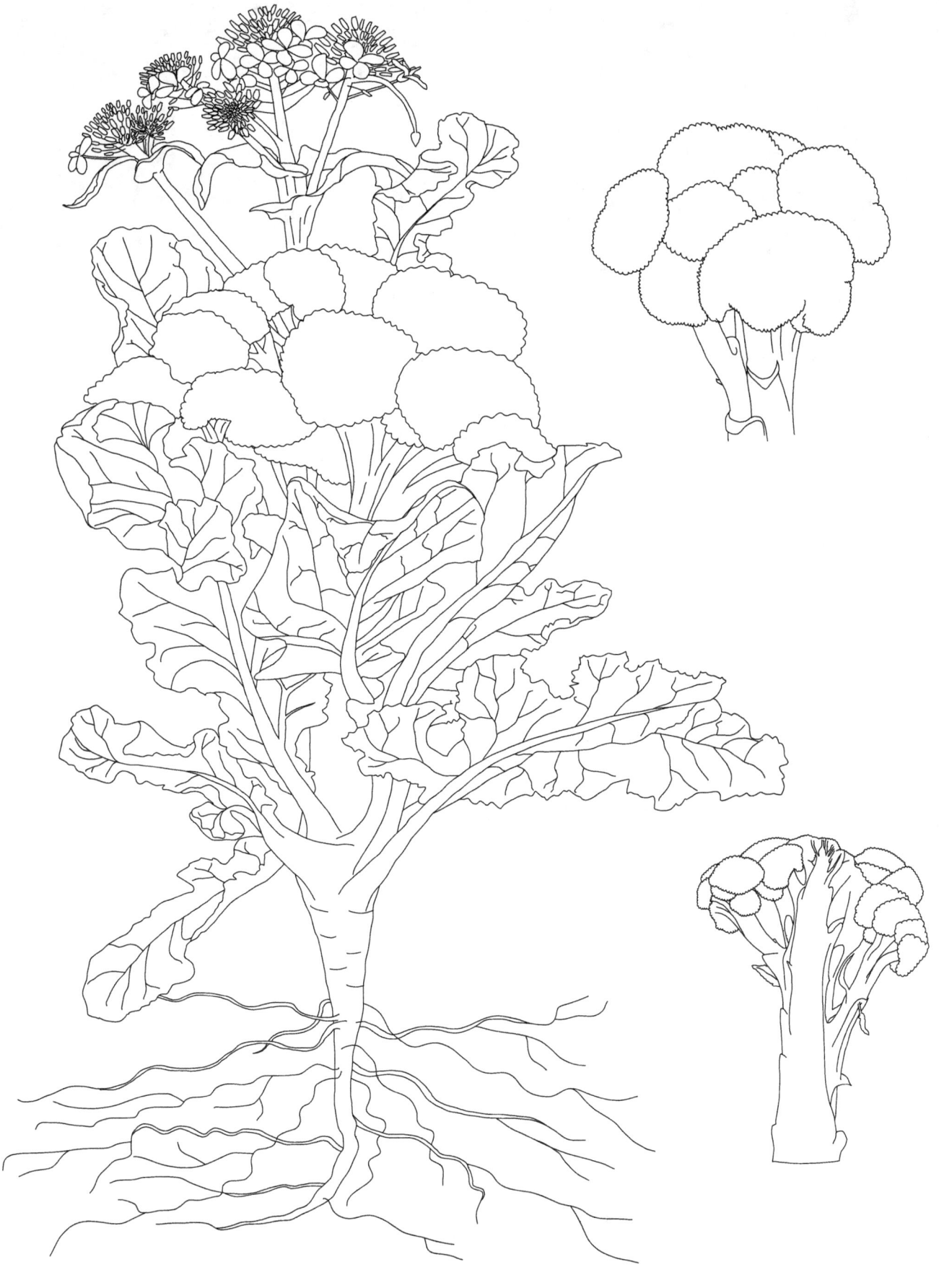

Theobroma cacao (Cocoa)

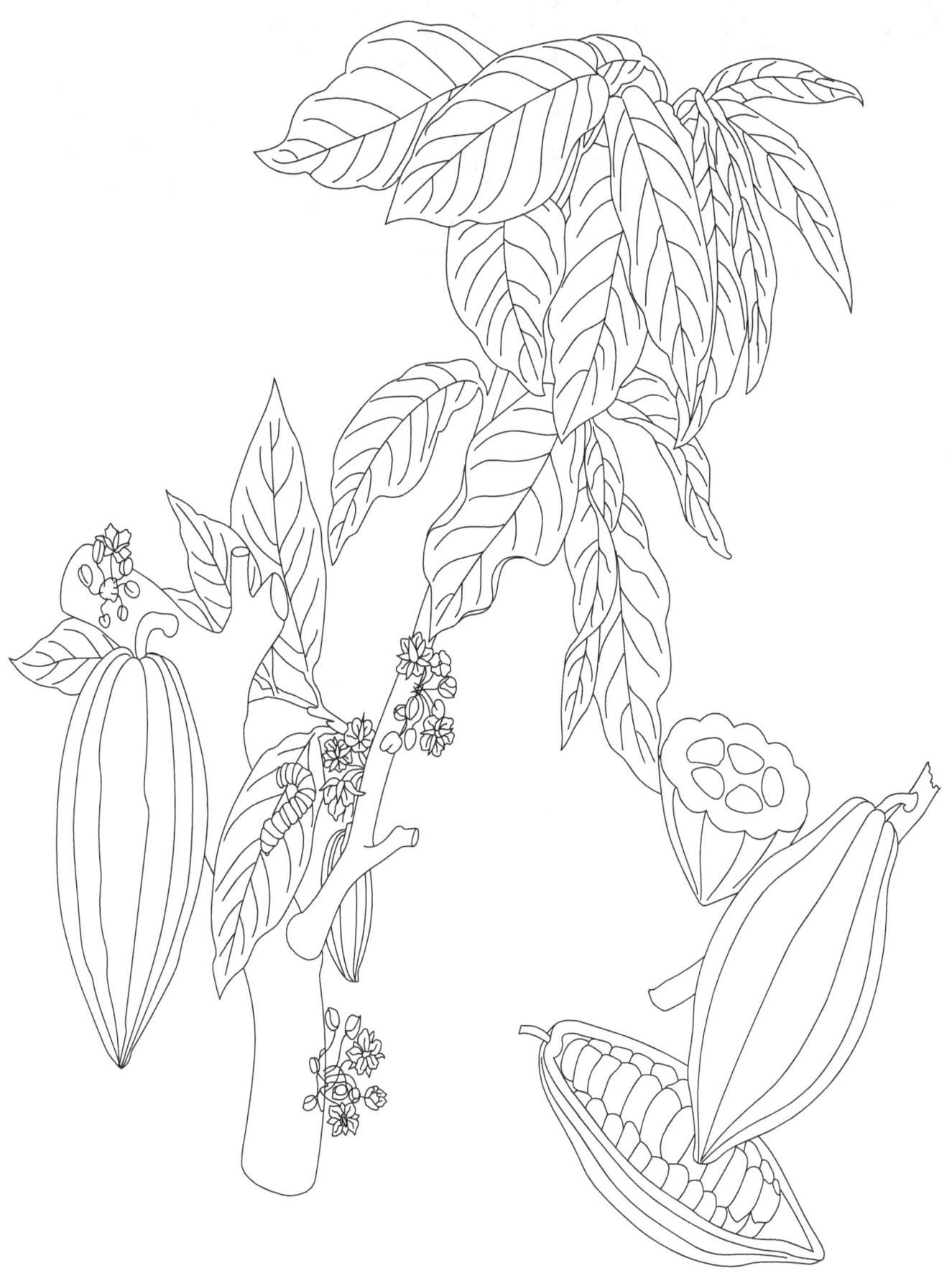

Coffea (Coffee)

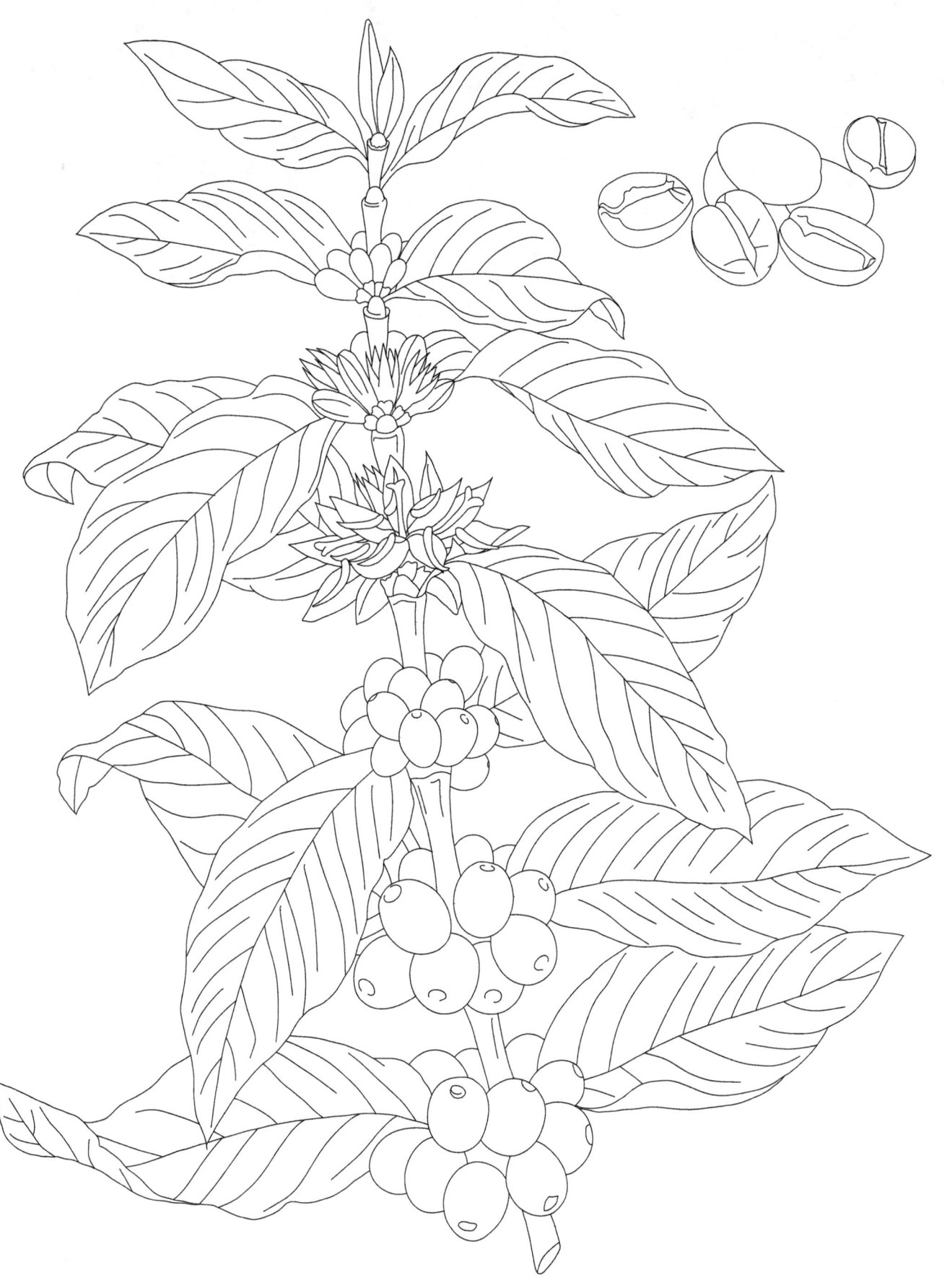

Prunus Persica (Peach)

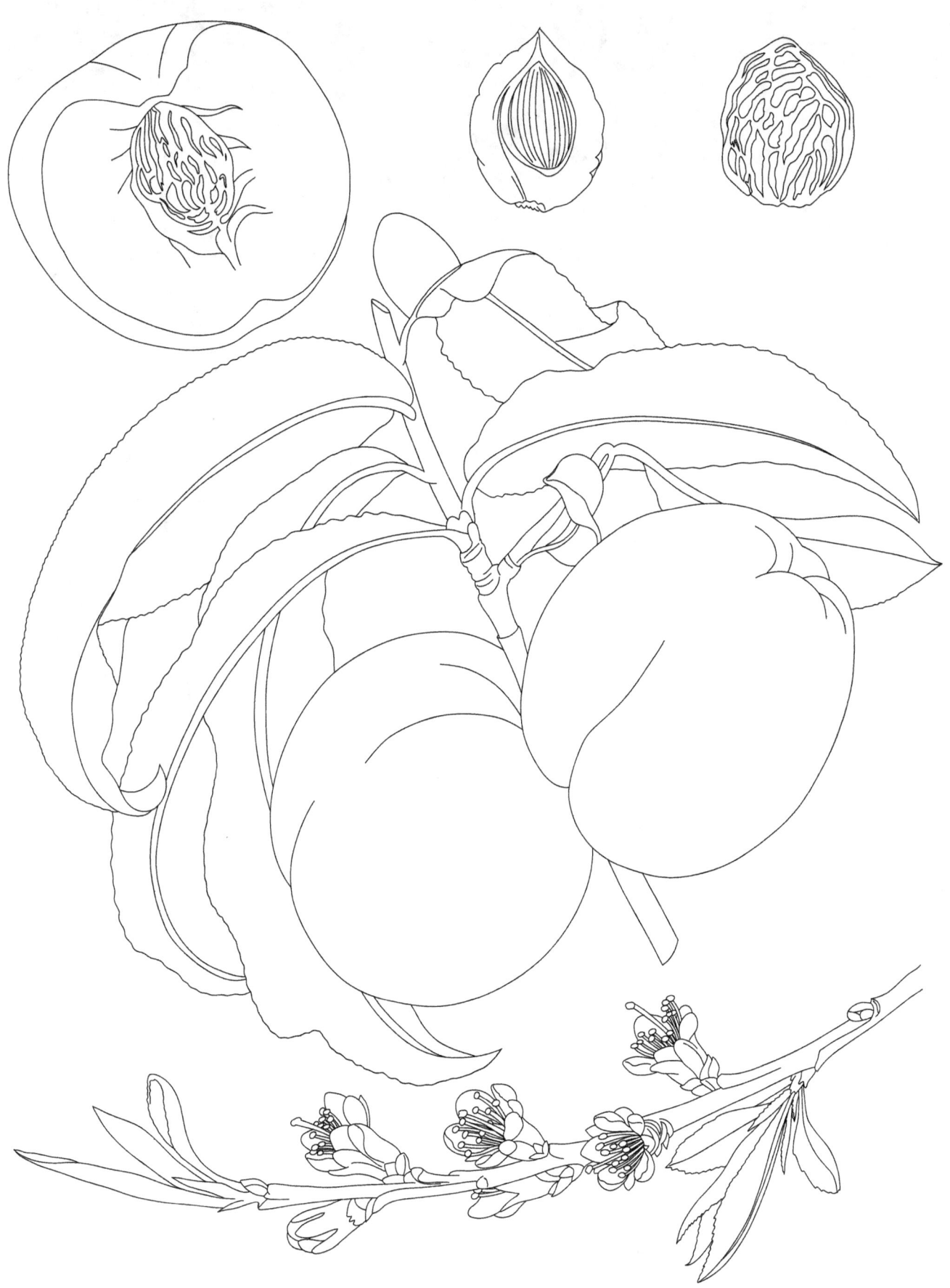

Fragaria x ananassa (Strawberry)

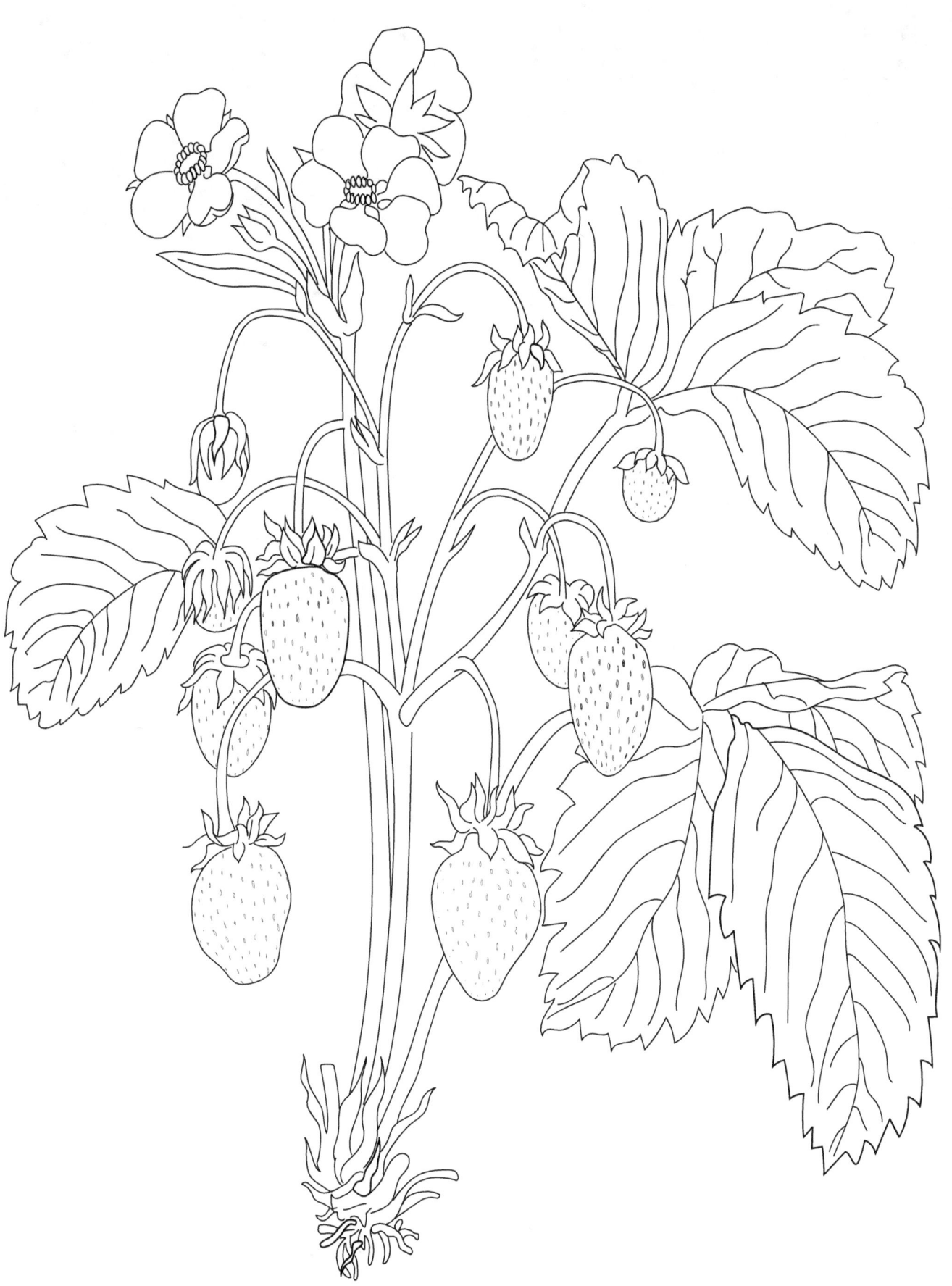

Solanum tuberosum (Potato)

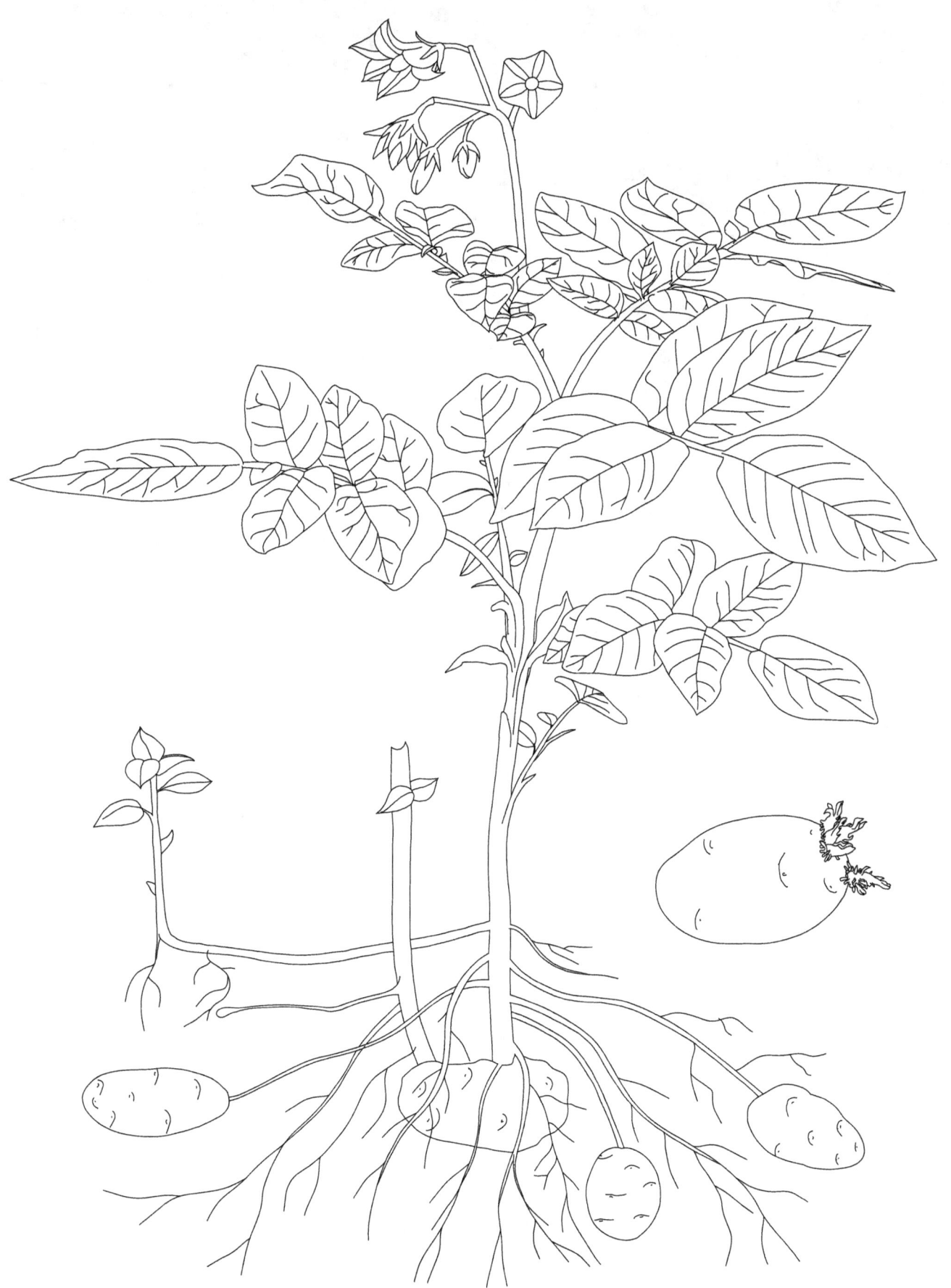

Cucumis sativus (Cucumber)

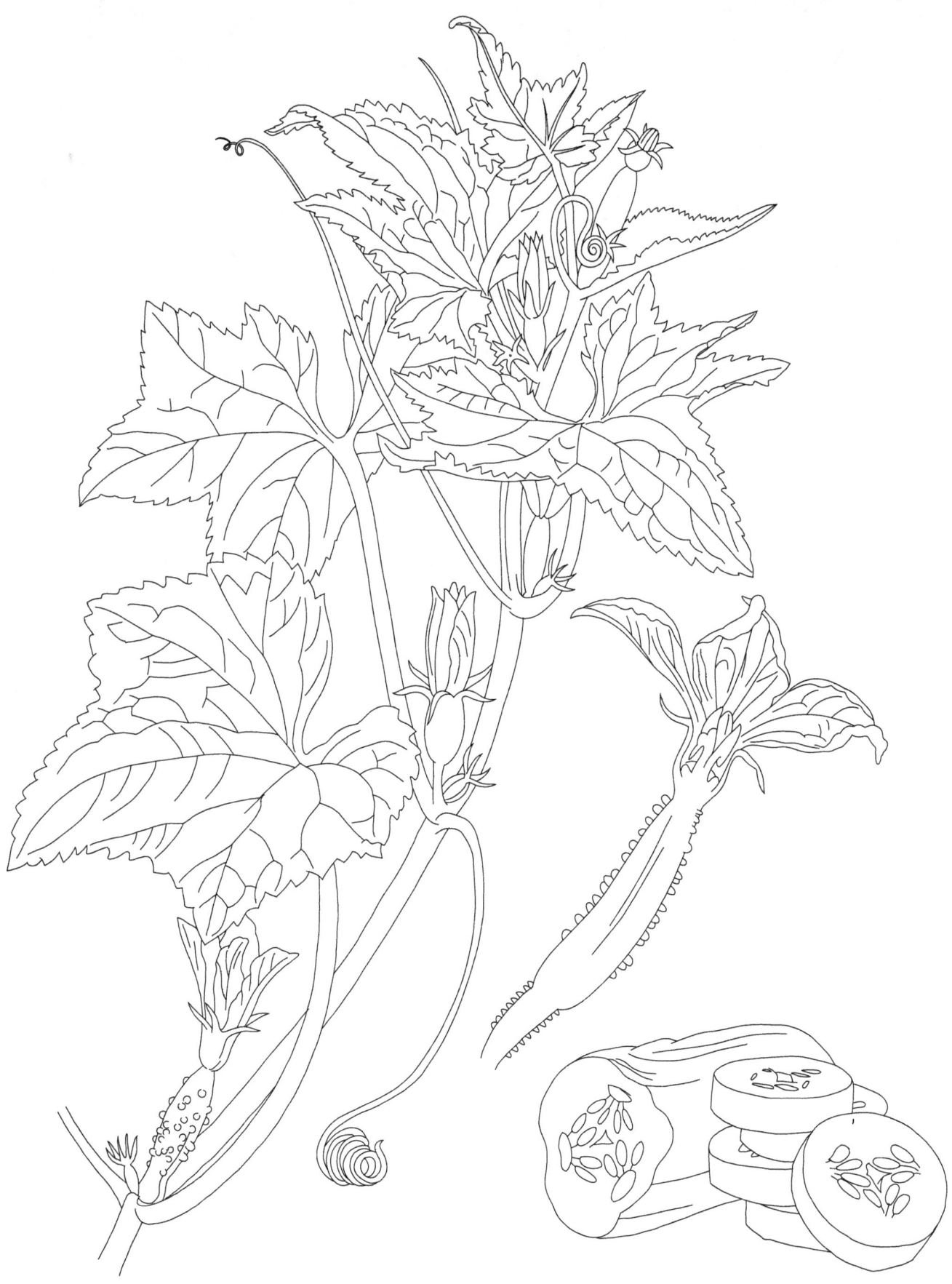

Allium Cepa (Onion)

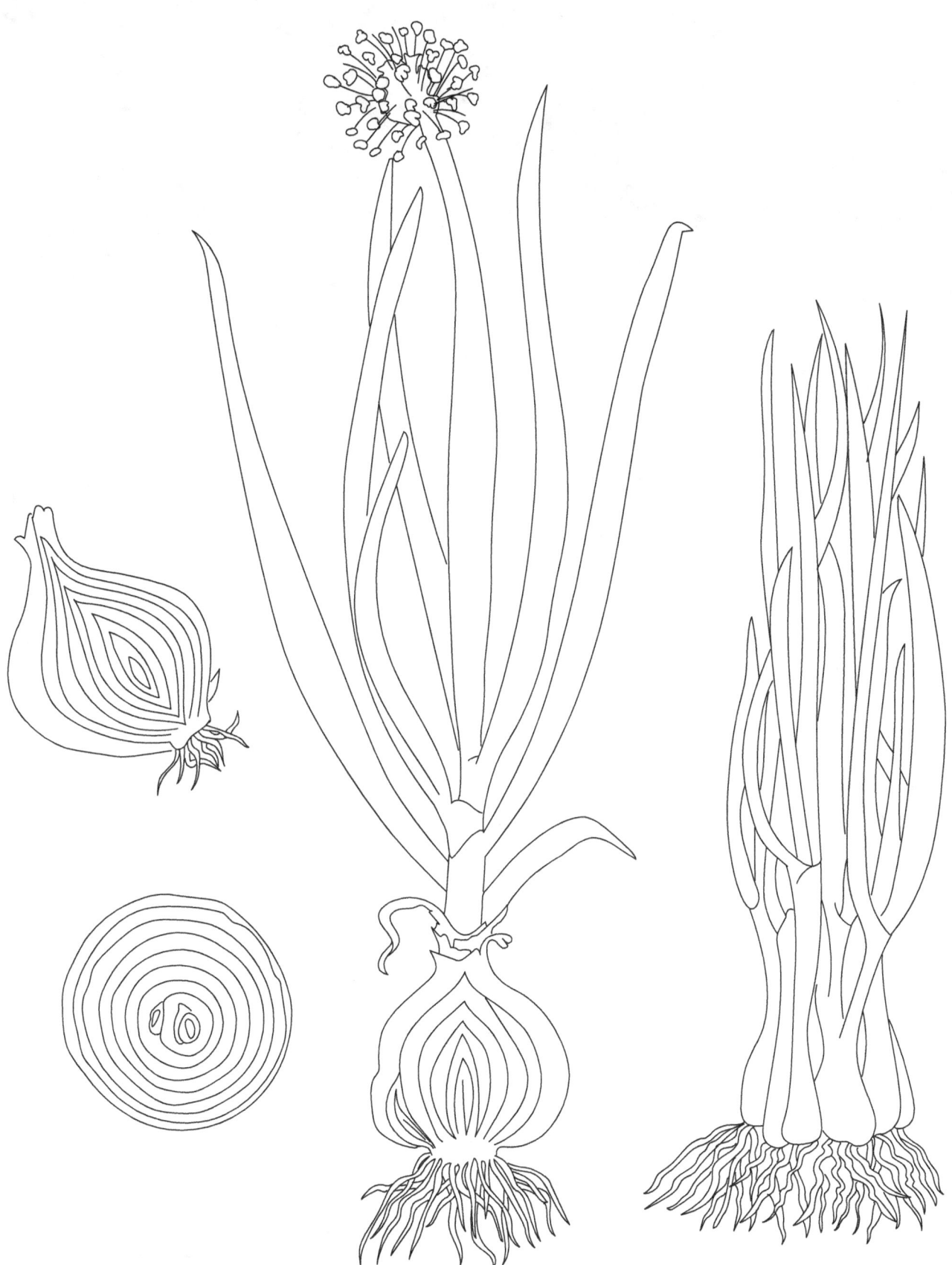

Capsicum frutescens (Chili)

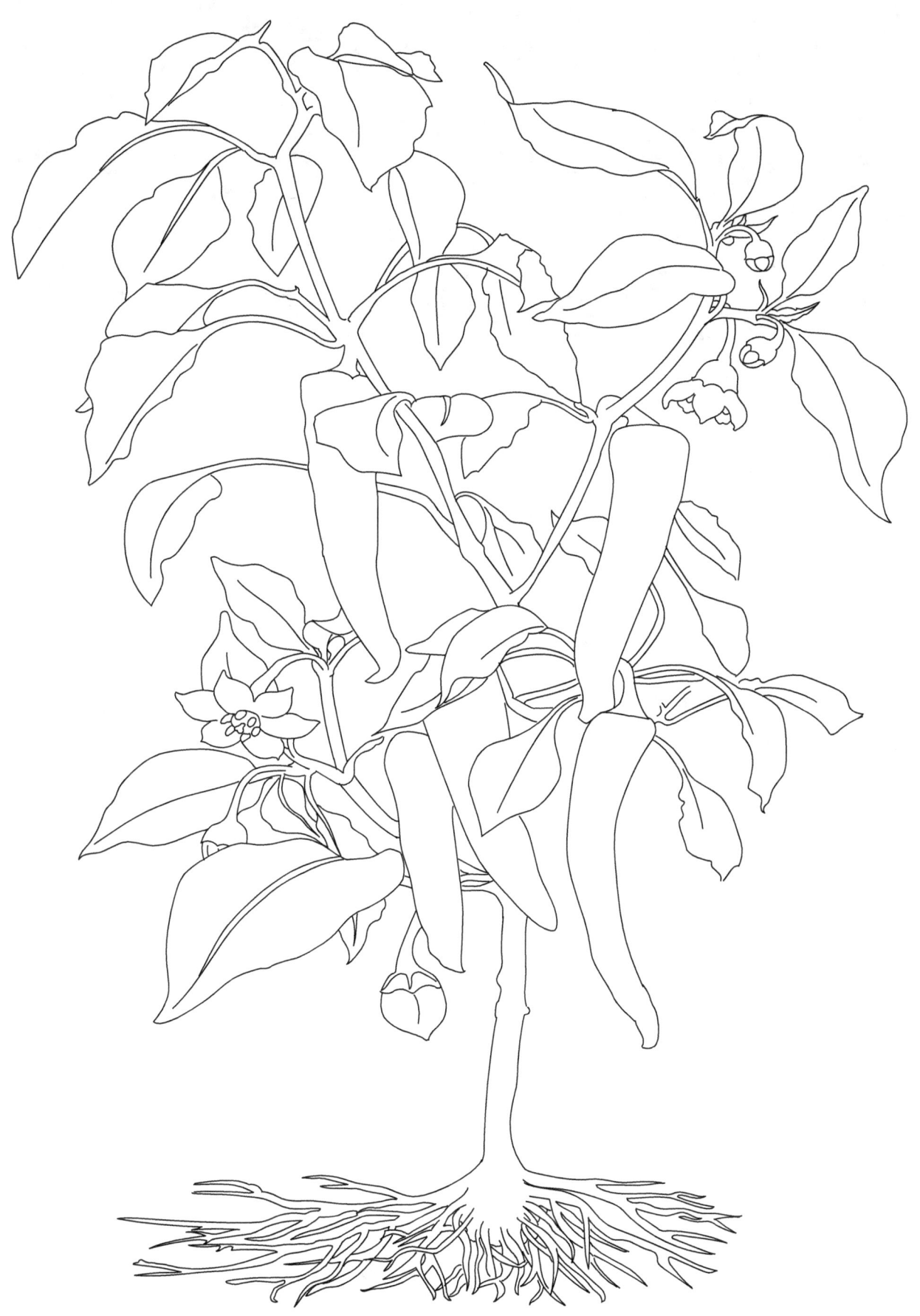

Prunus Avium (Cherry)

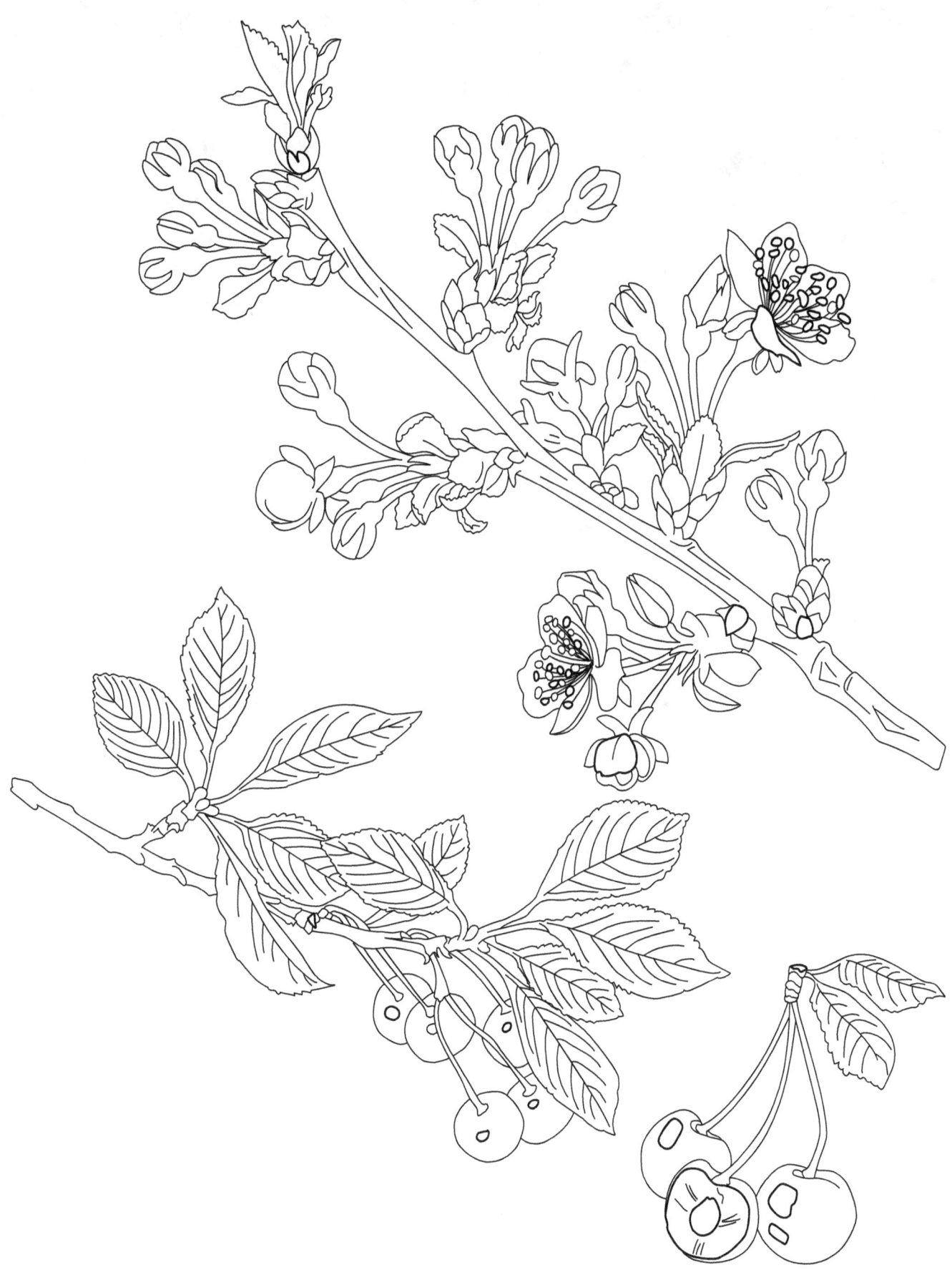

Coriandrum sativum (Cilantro)

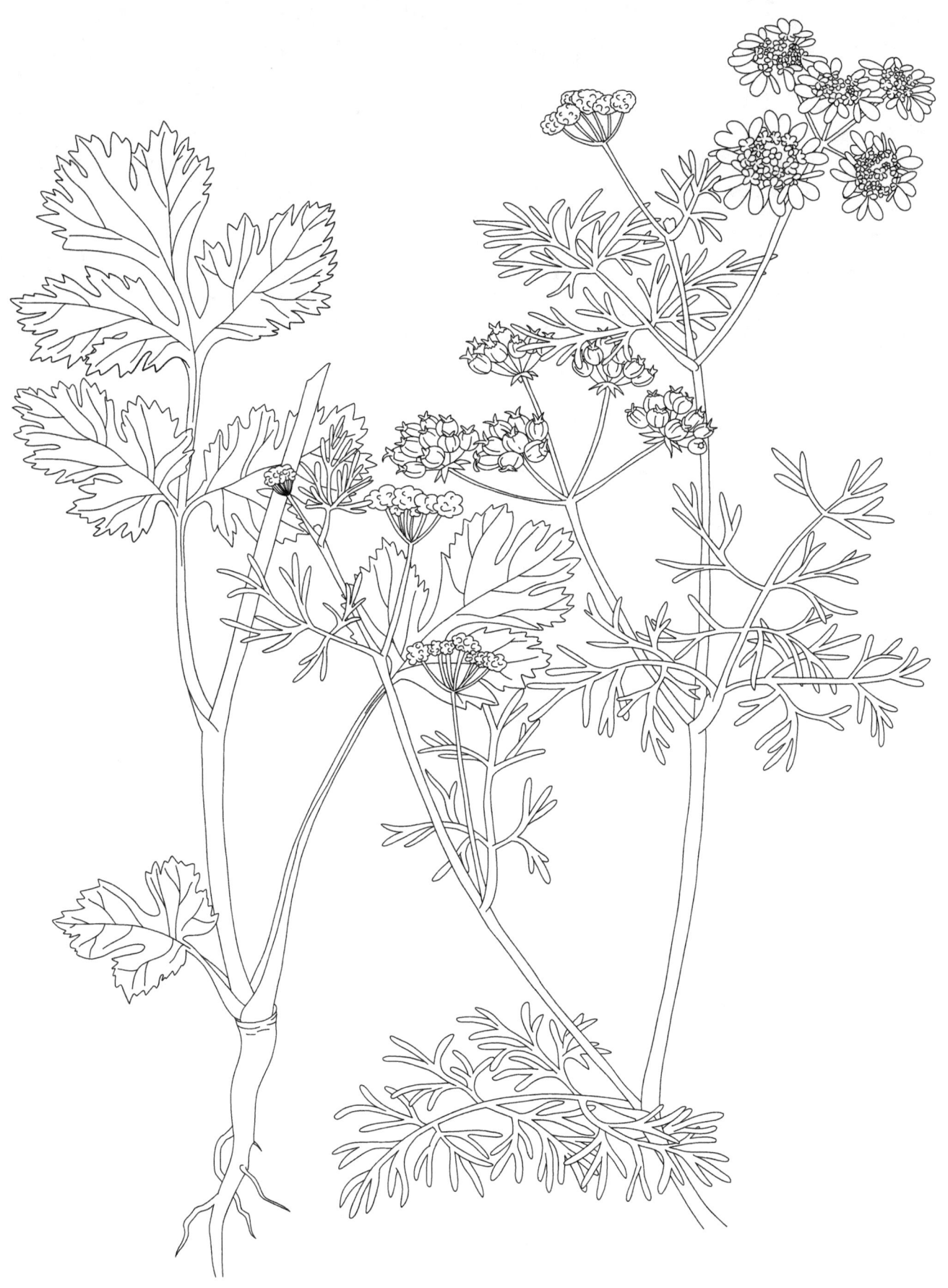

Cucurbita (Pumpkin)

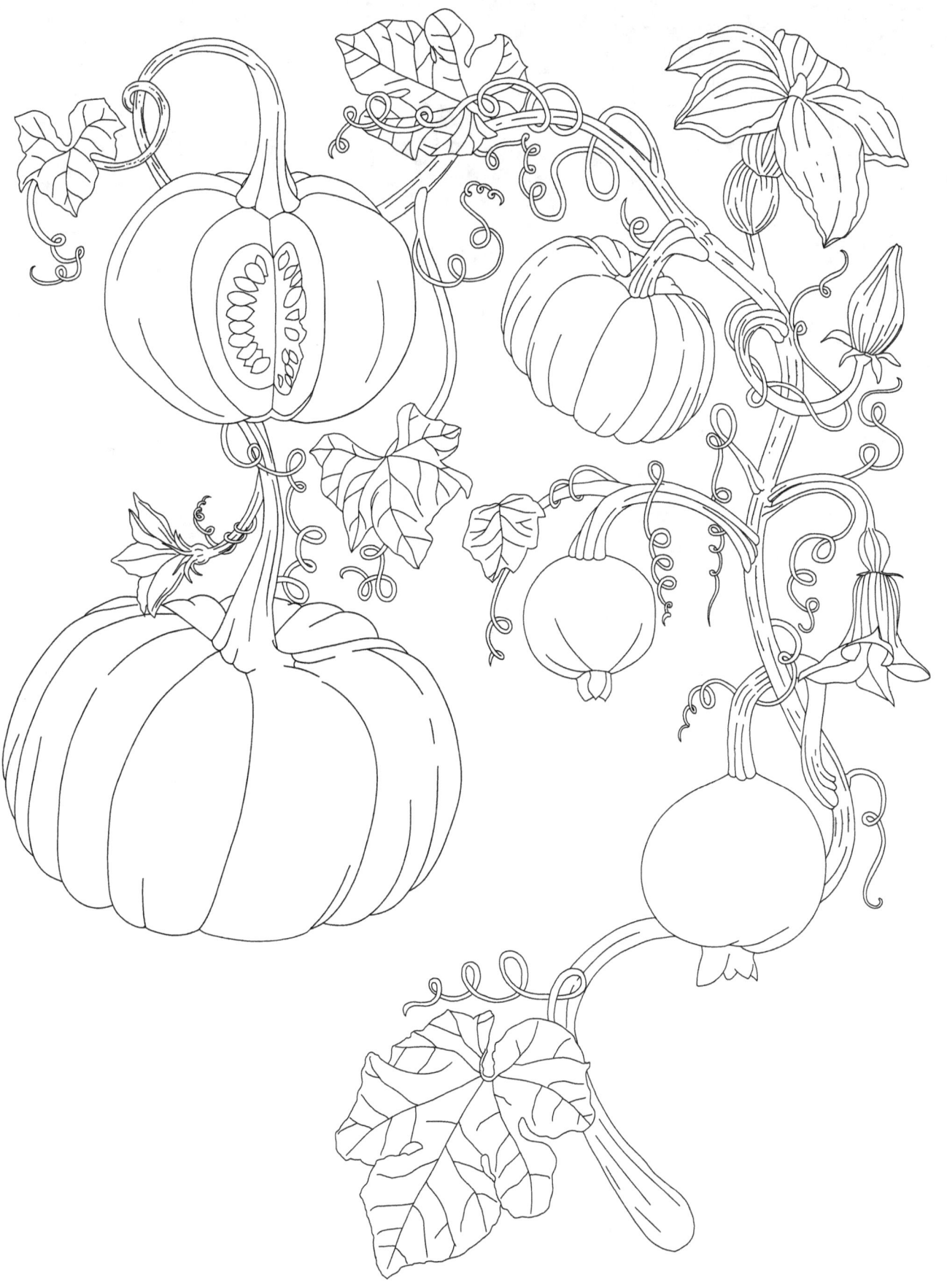

Phaseolus vulgaris (Bean)

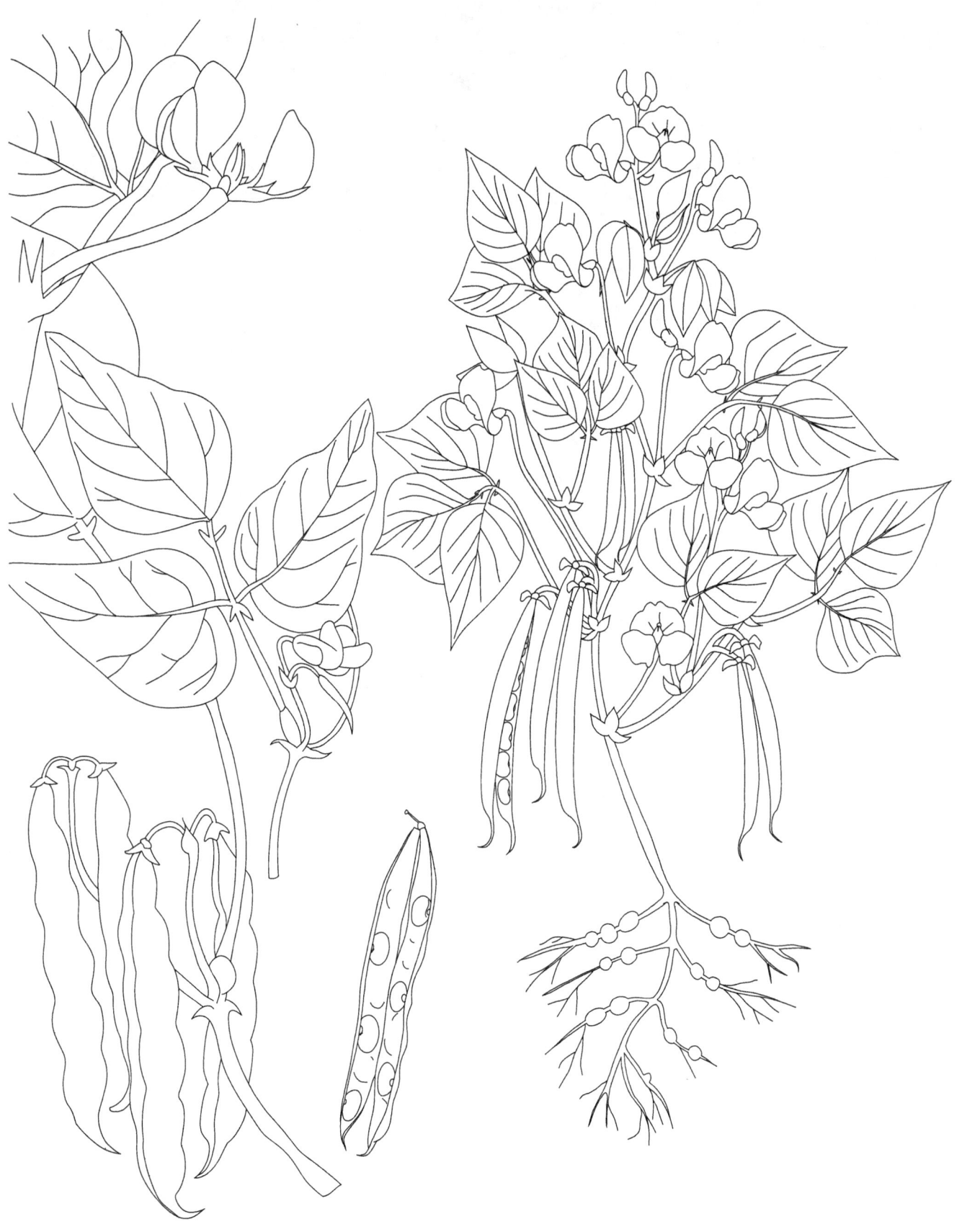

Triticum (Wheat)

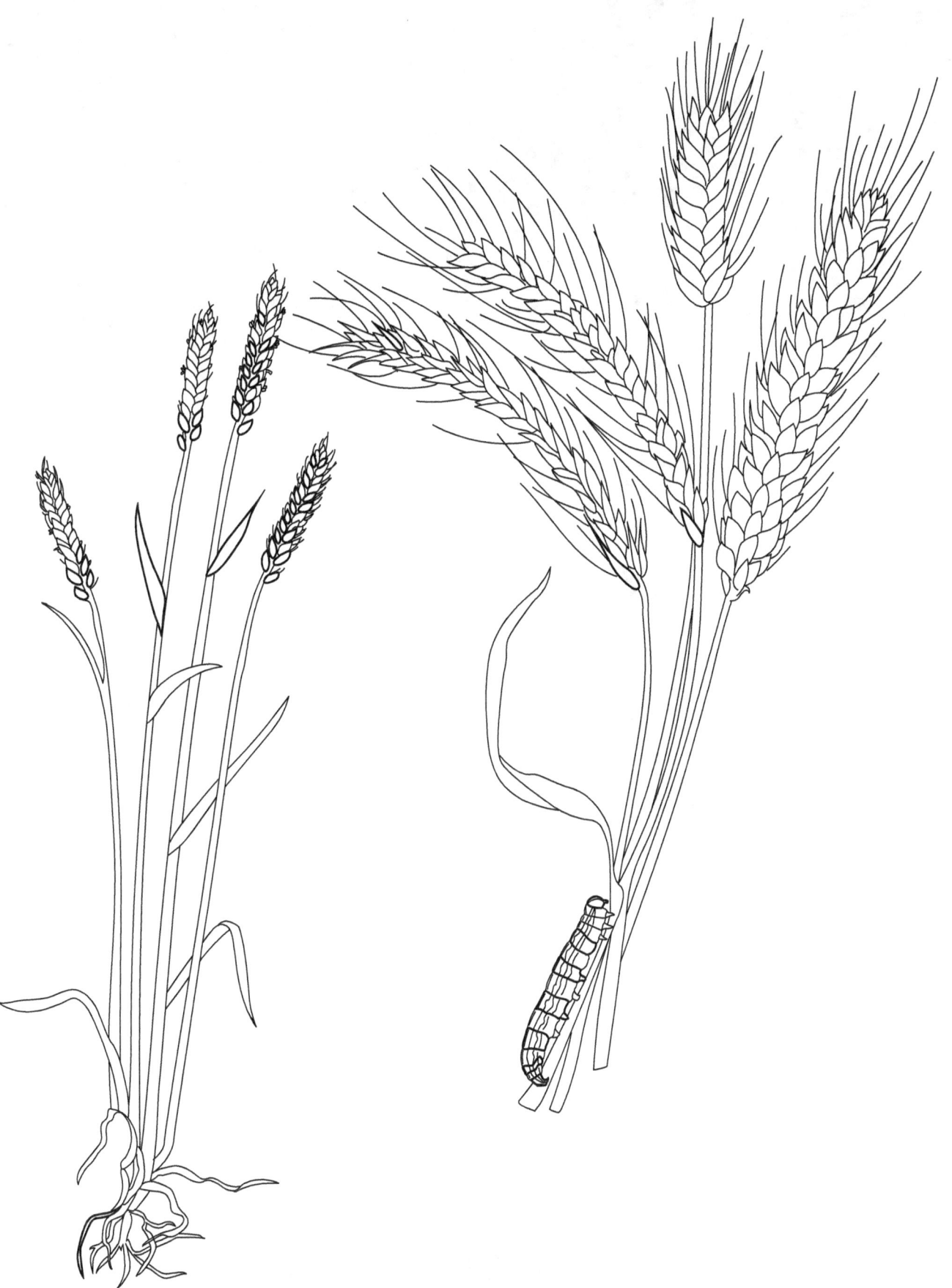

Cydonia oblonga (Quince)

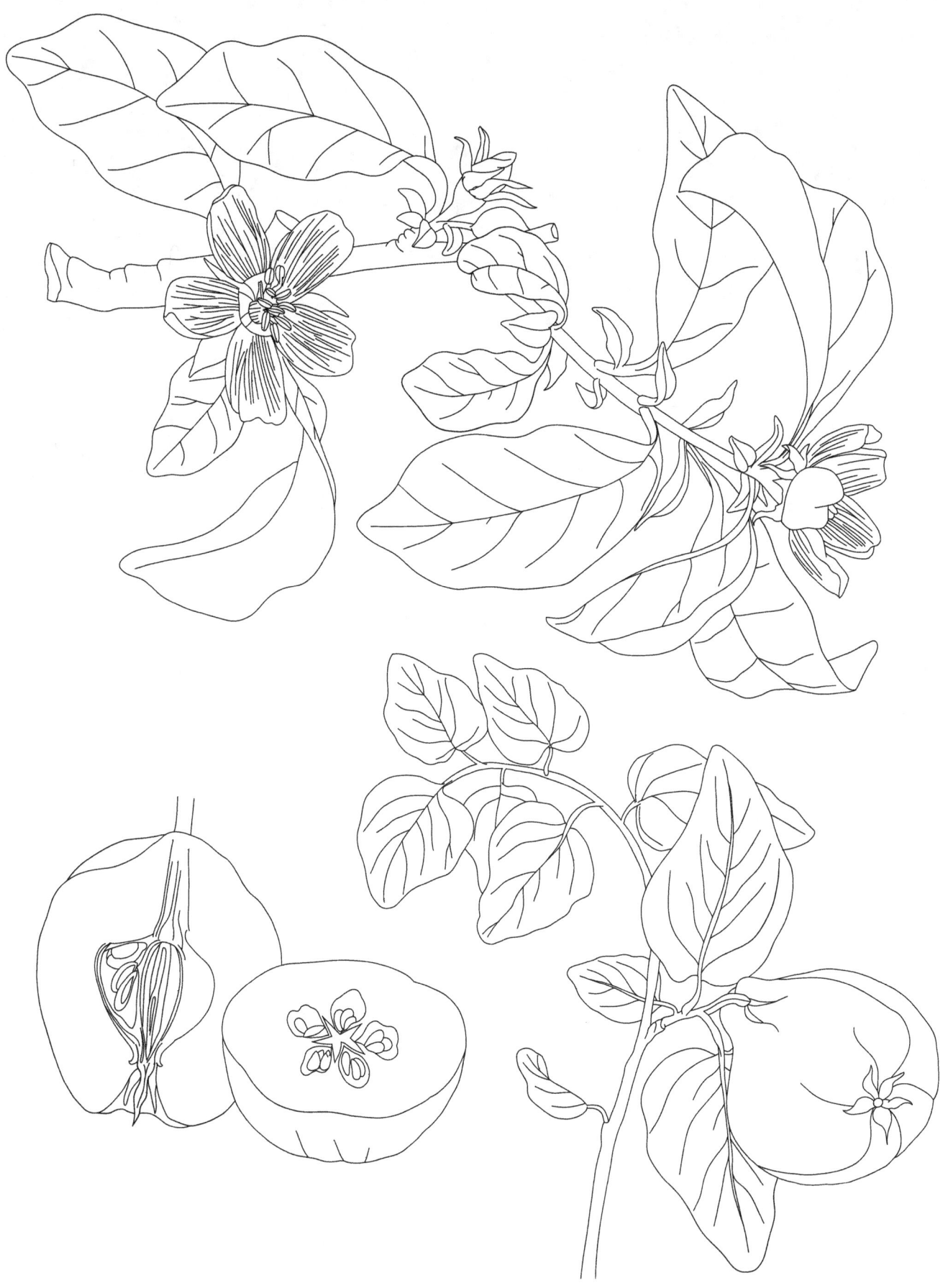

Mangifera indica (Mango)

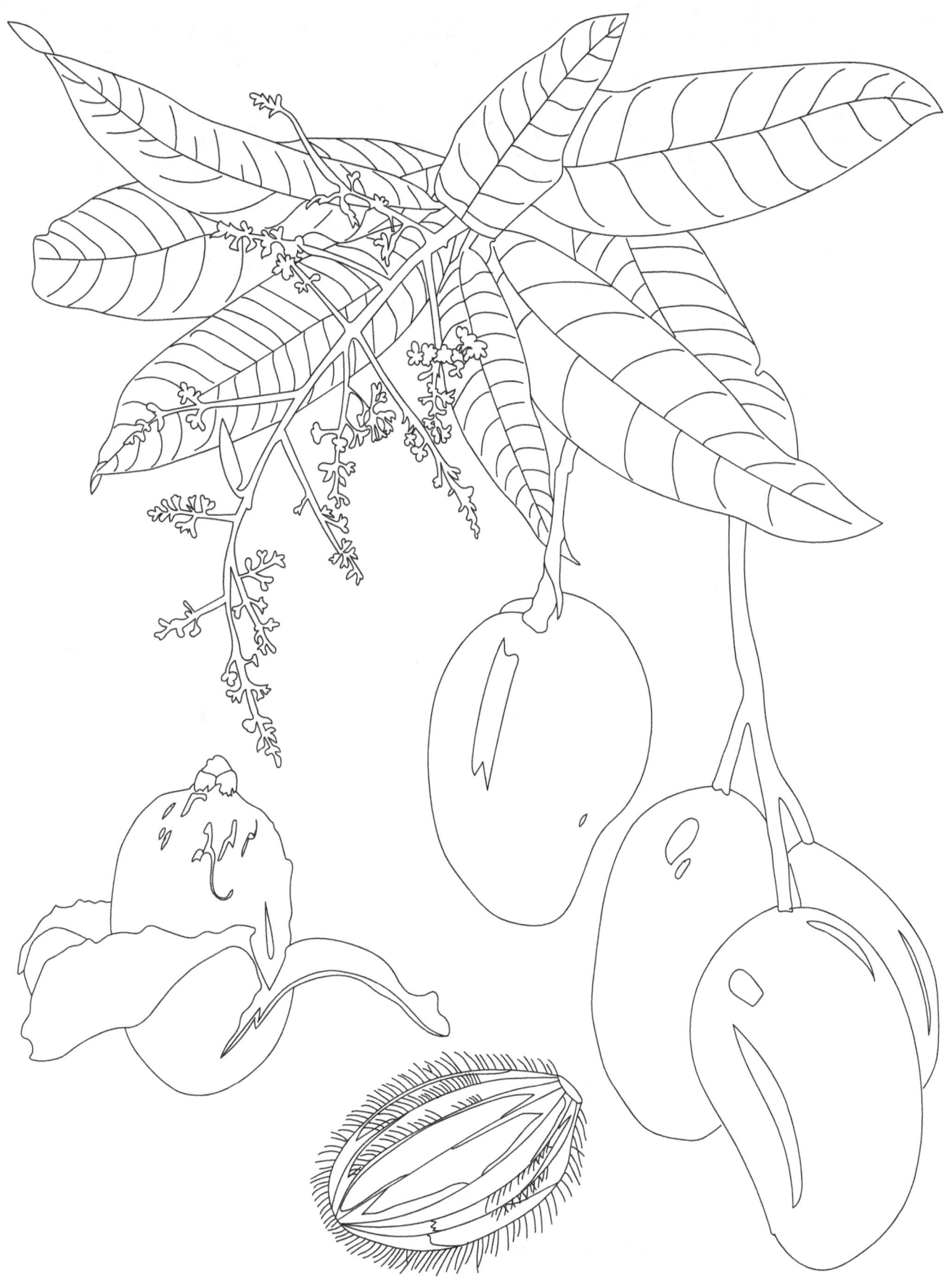

Malus domestica (Apple)

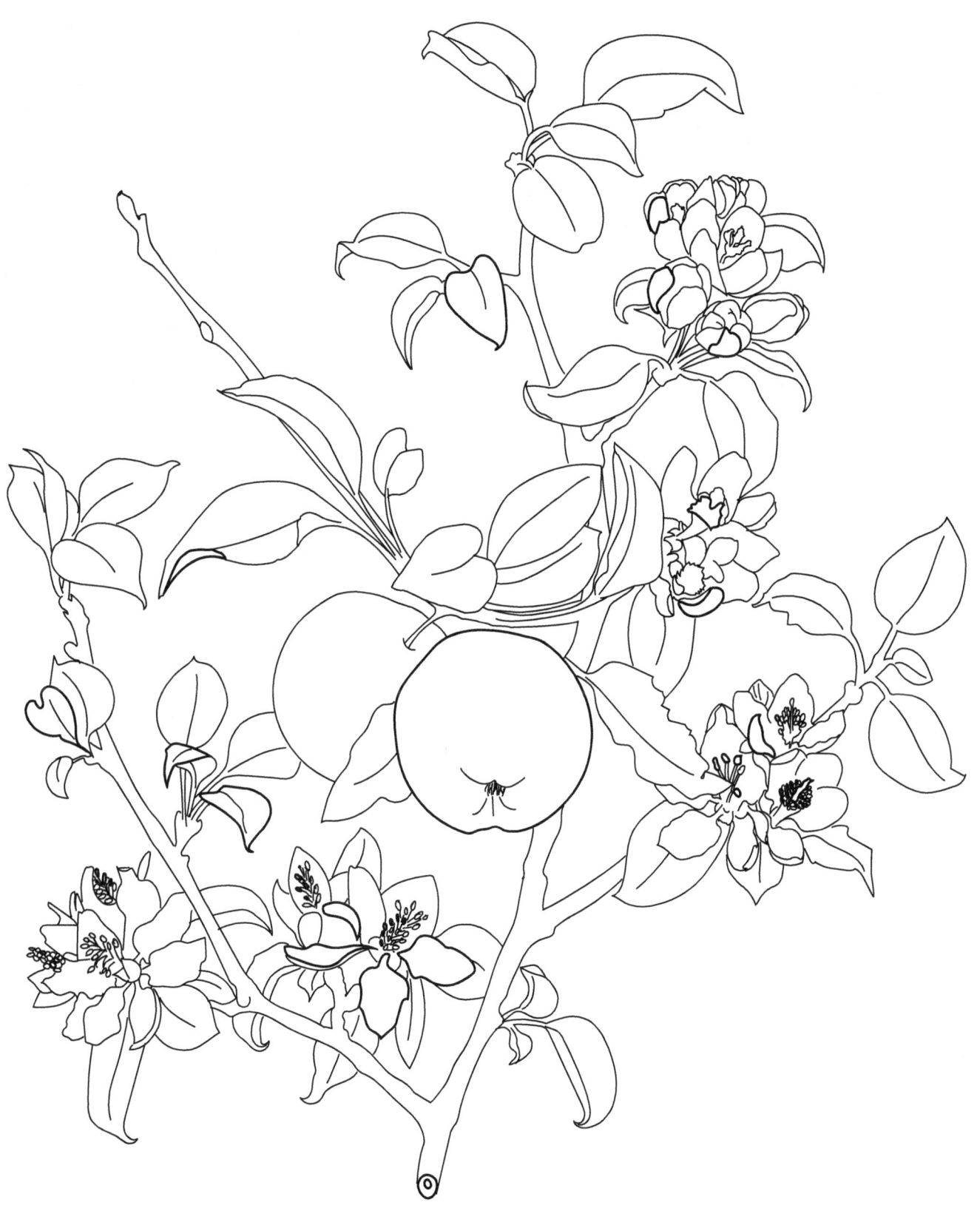

Vaccinium subg. Oxycoccus (Cranberry)

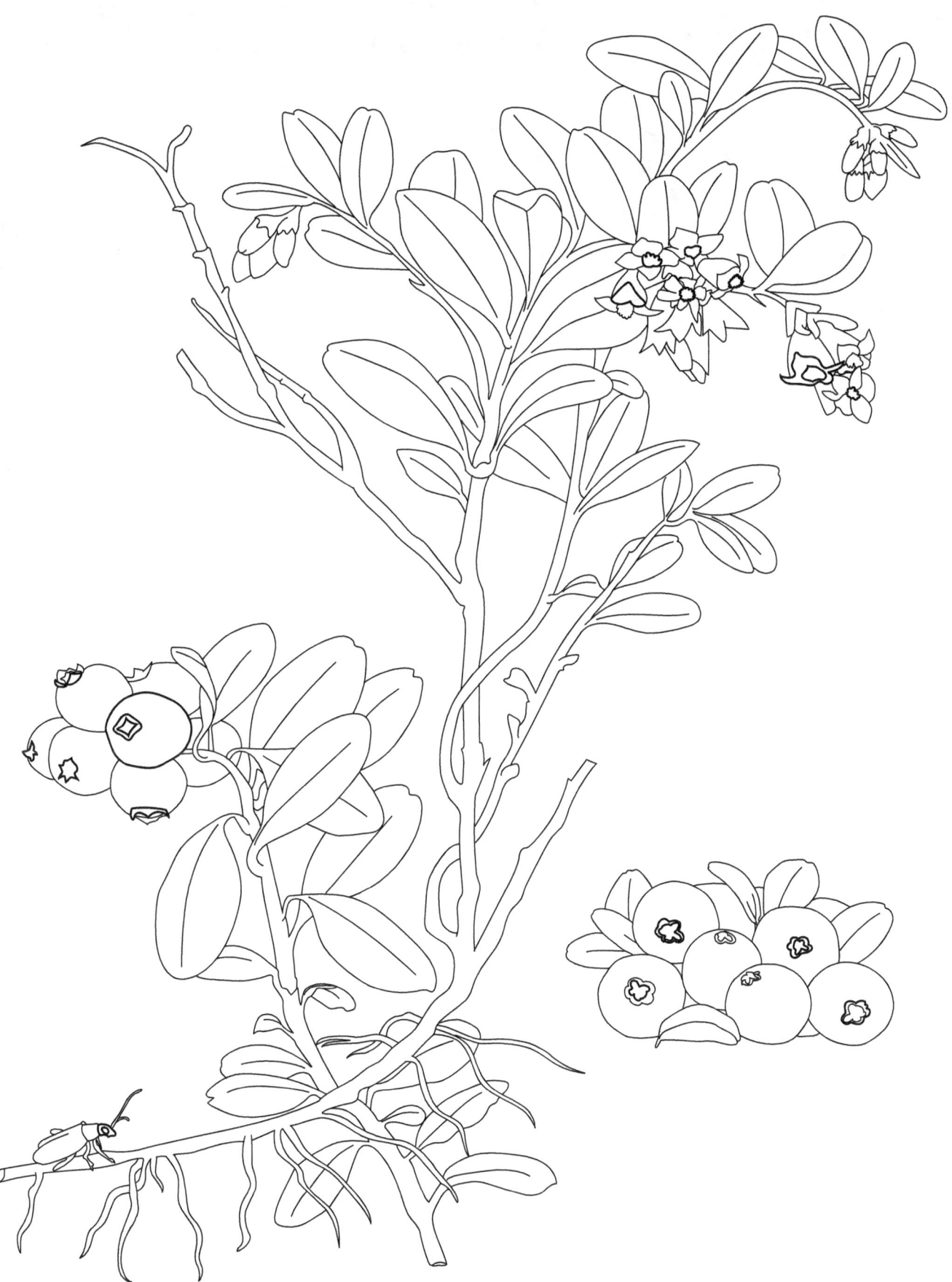

Prunus dulcis (Almond)

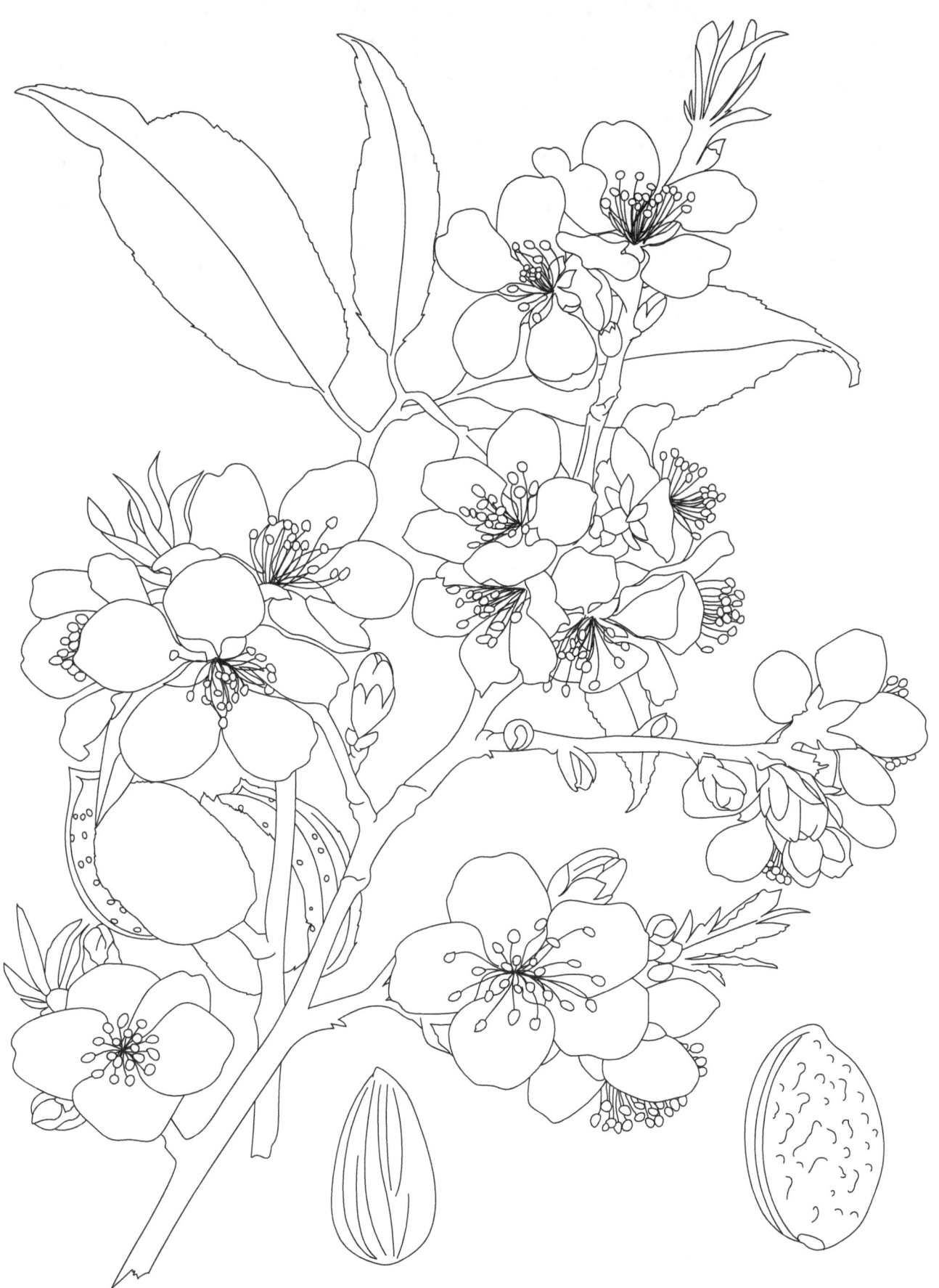

Daucus carota subsp. sativus (Carrot)

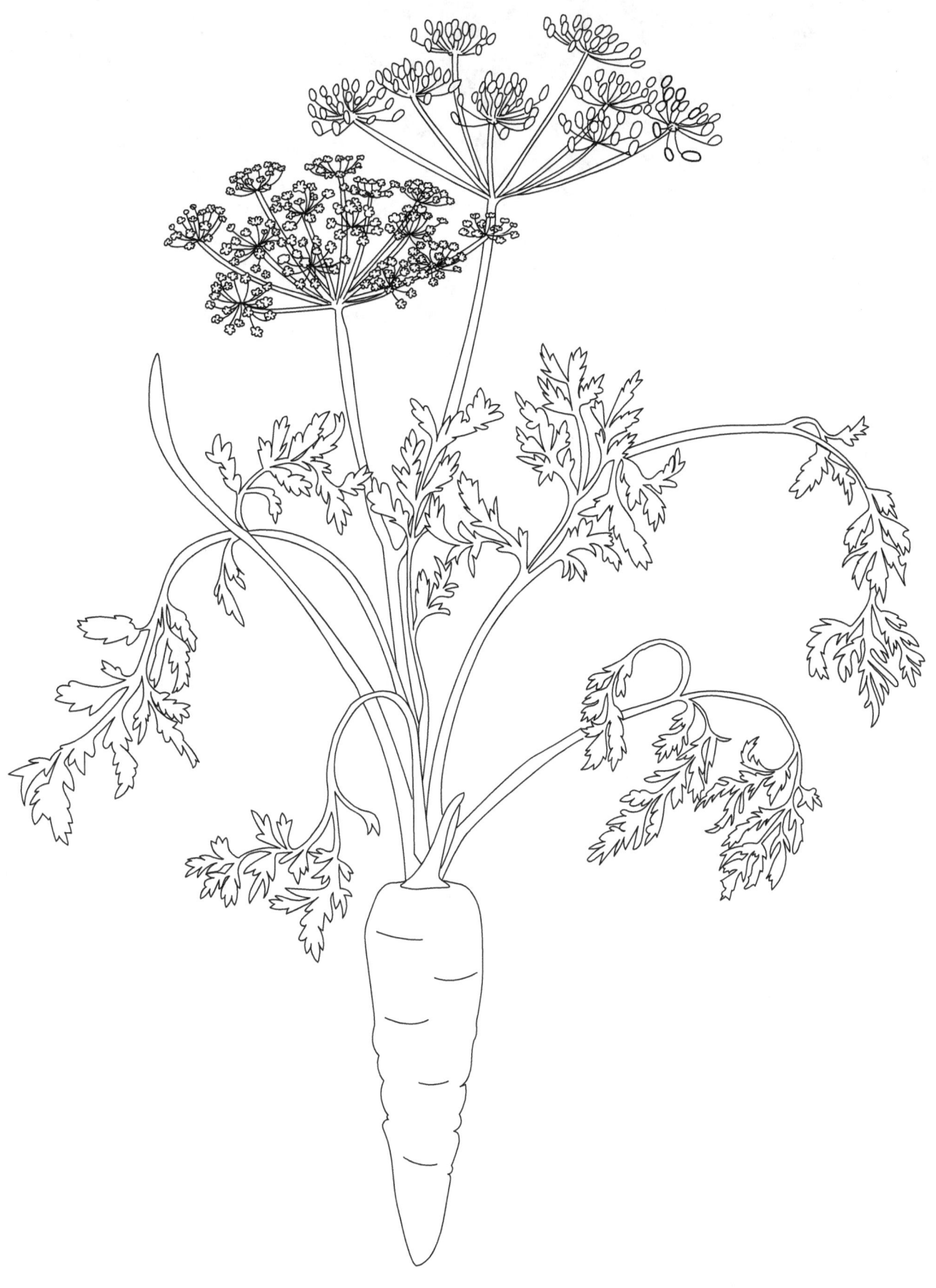

Avena sativa (Oat)

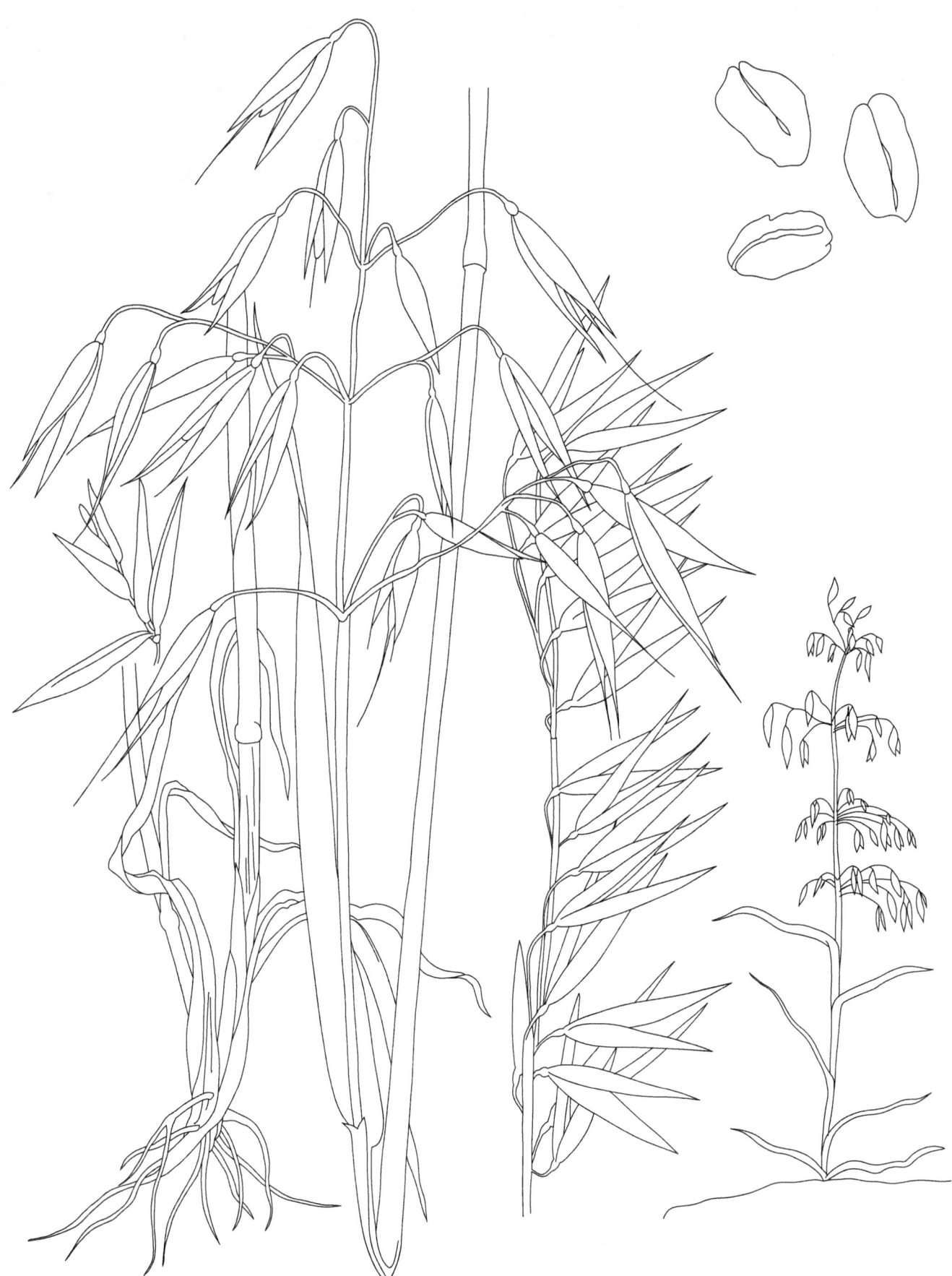

Citrullus lanatus (Watermelon)

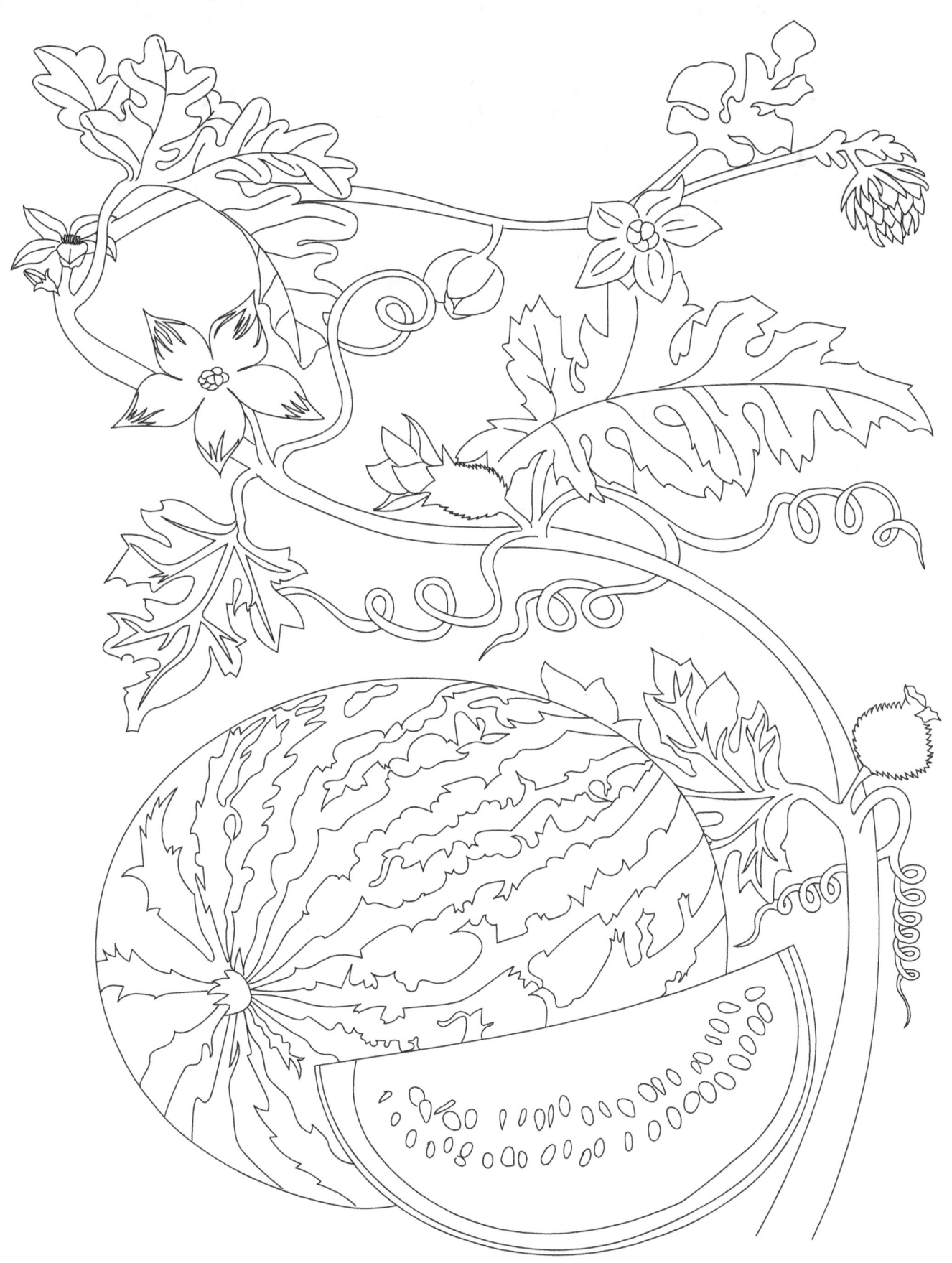

Citrus X sinensis (Orange)

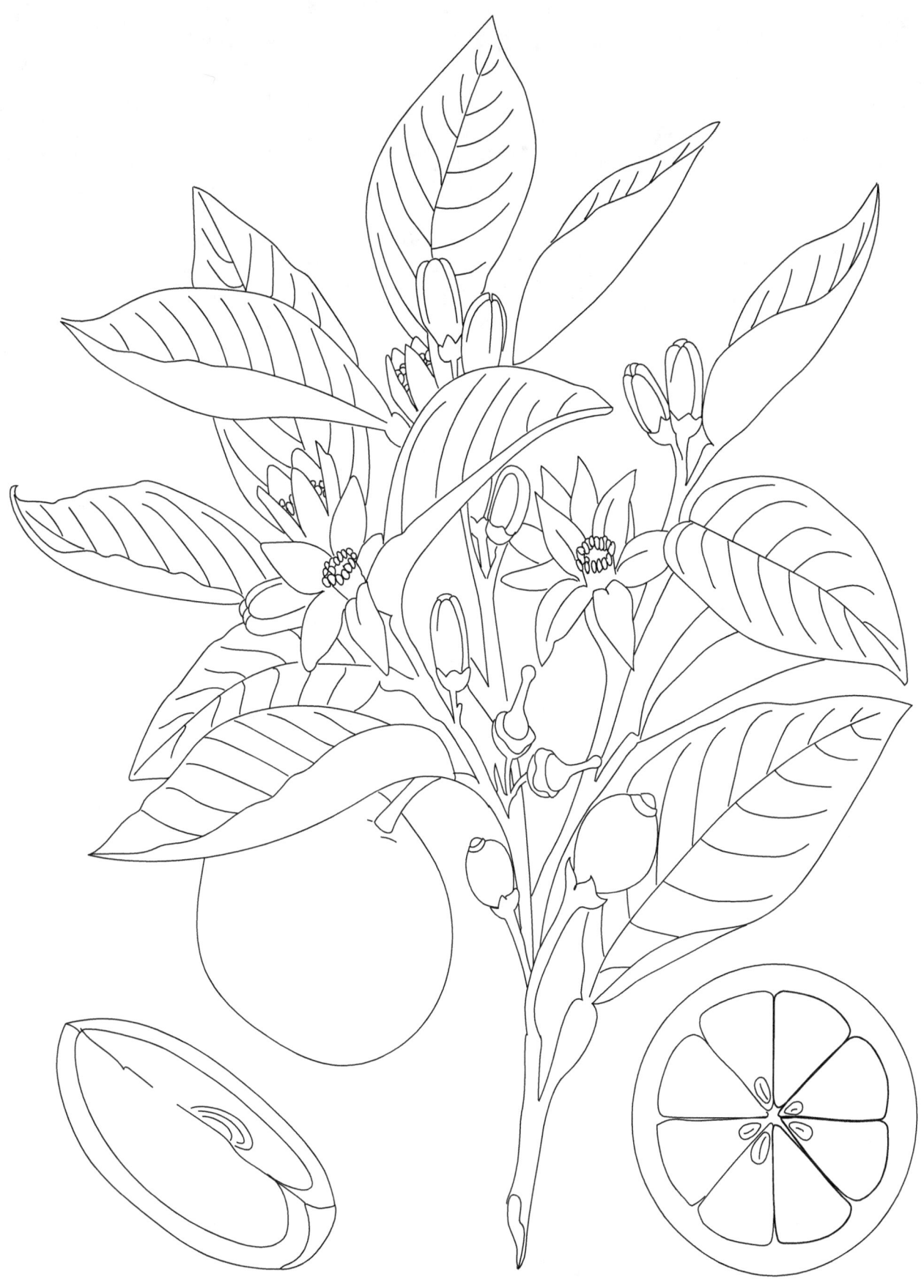

Zea mays (Corn)

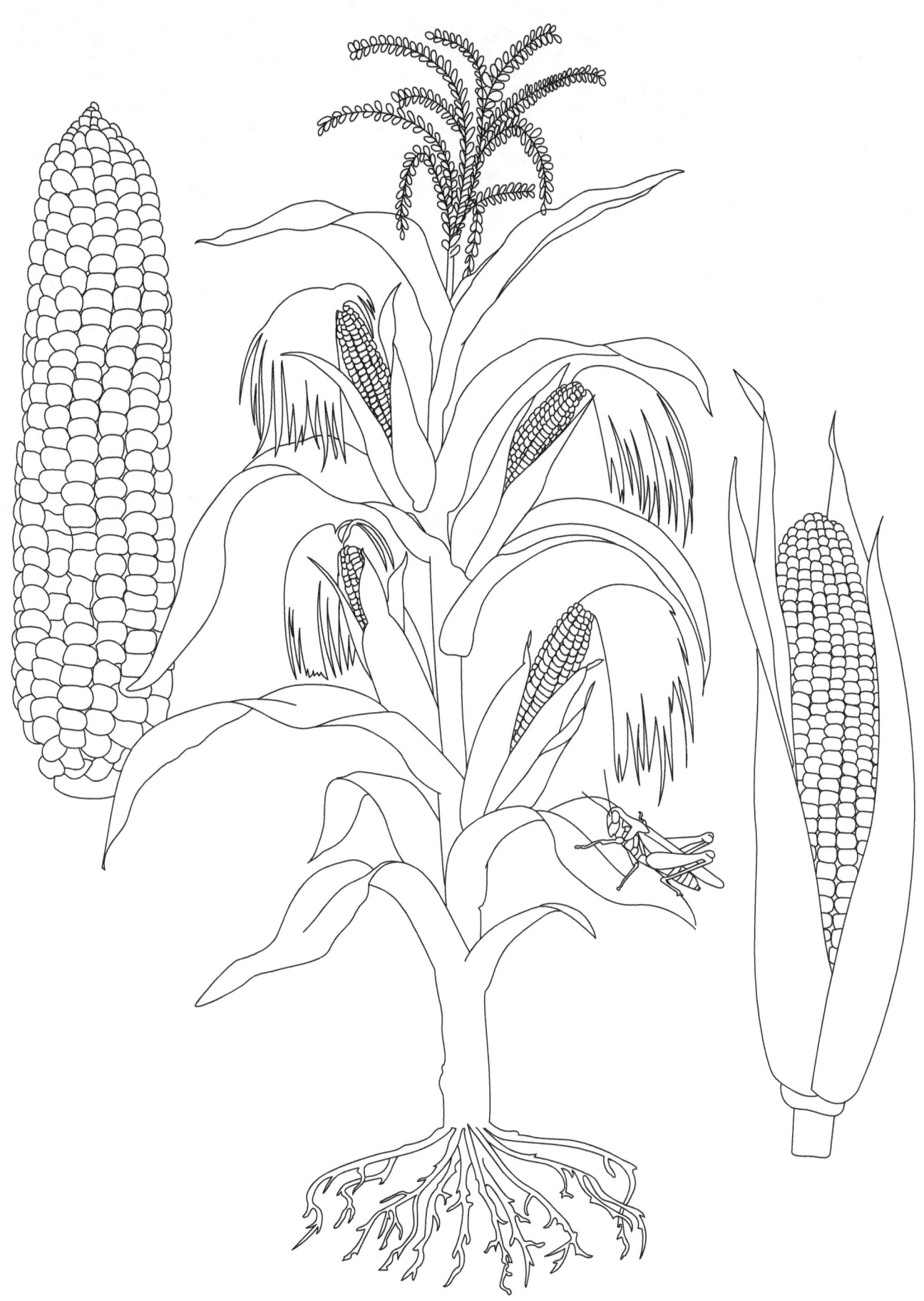

Pyrus (Pear)

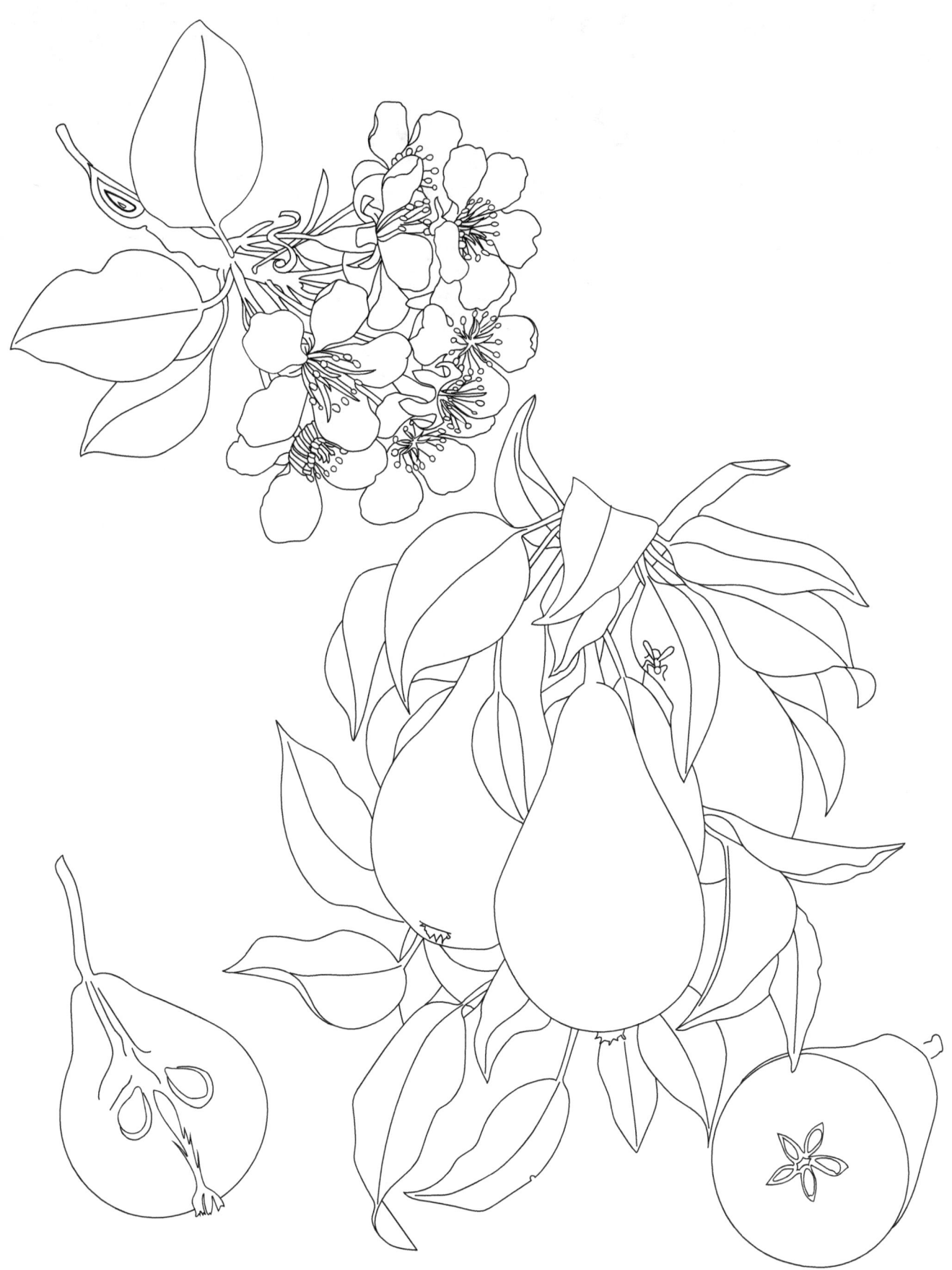

Prunus domestica (Plums)

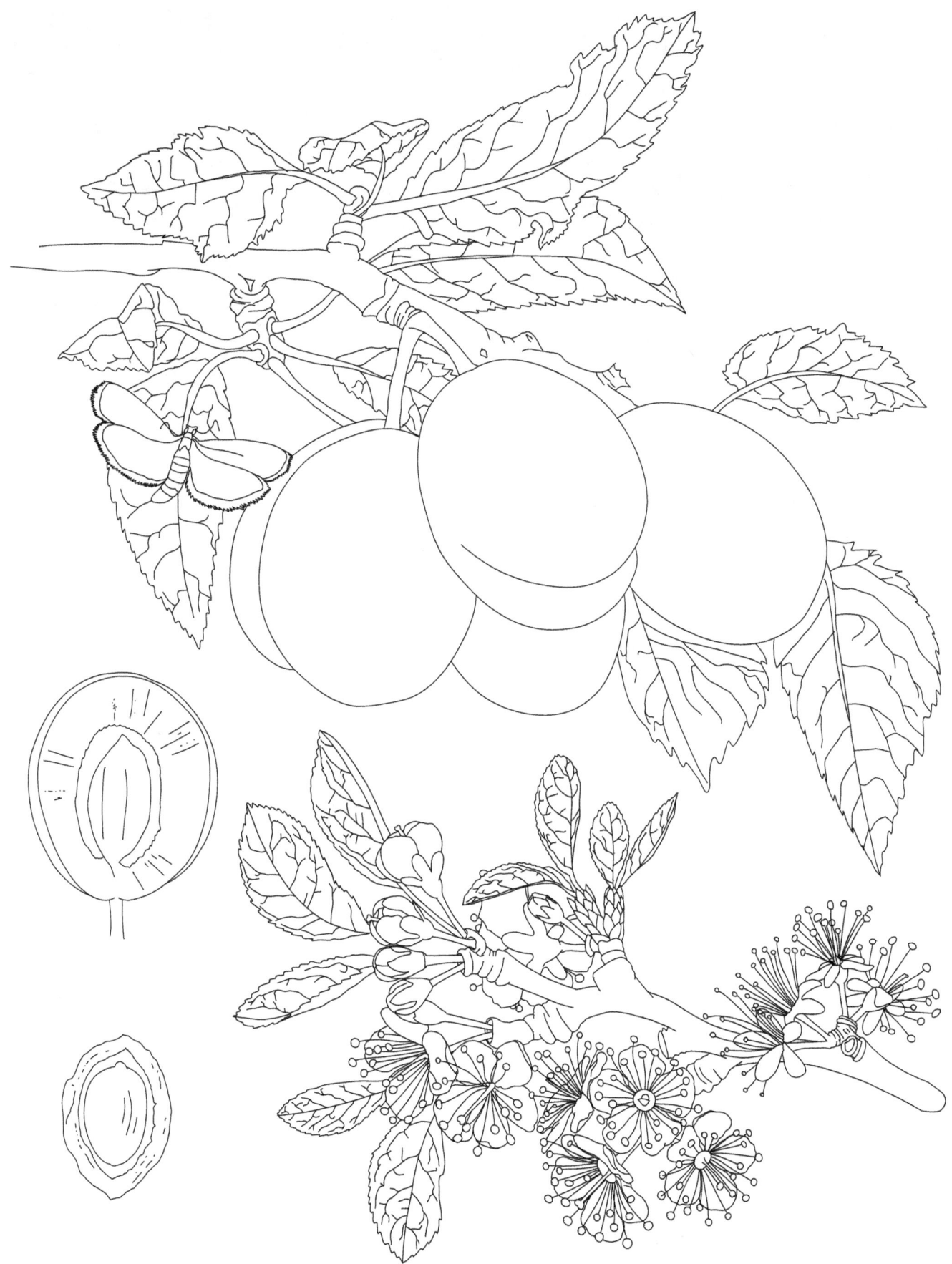

Punica granatum (Pomegranate)

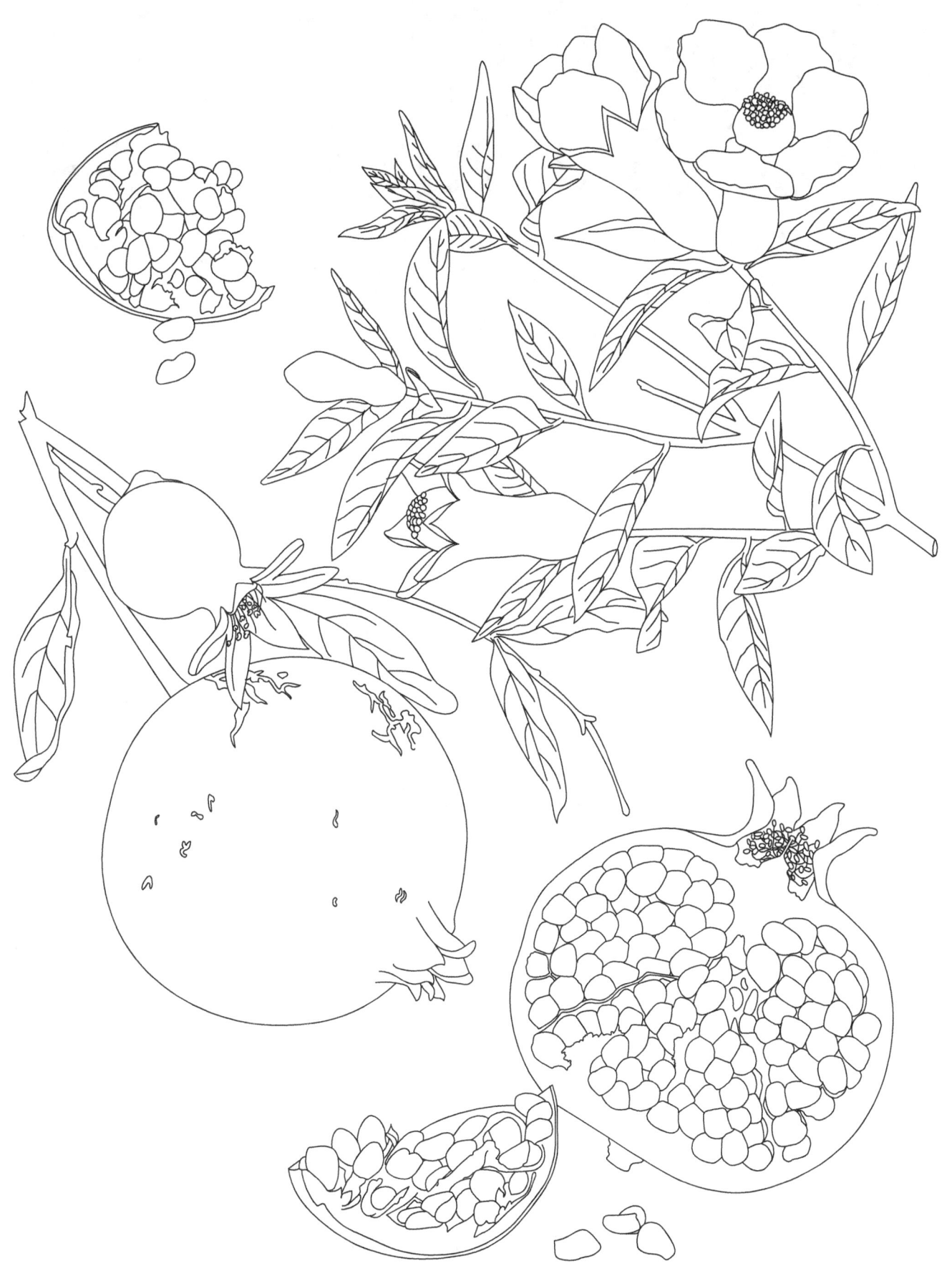

Solanum lycopersicum (Tomato)

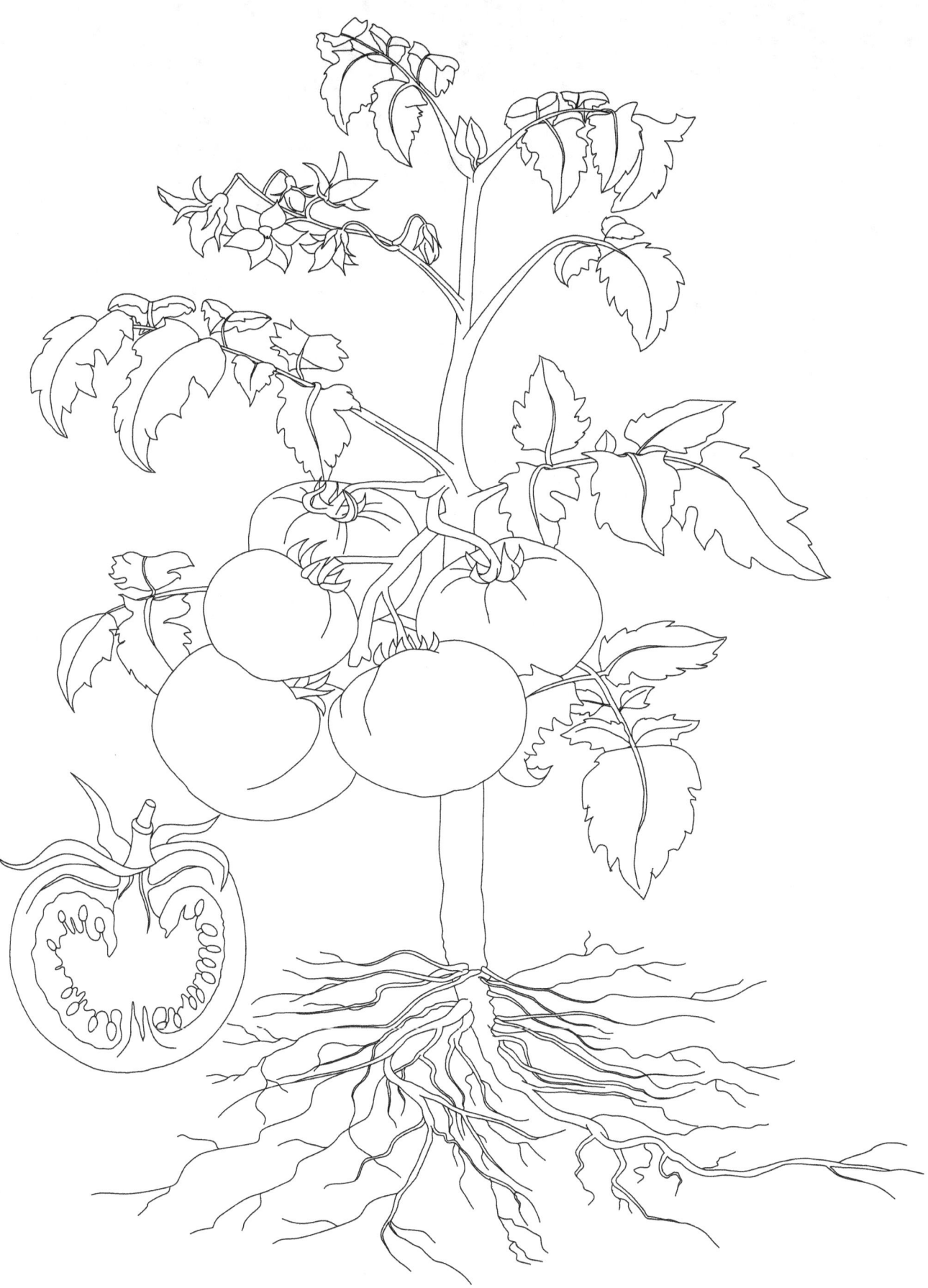

Lactuca sativa (Lettuce)

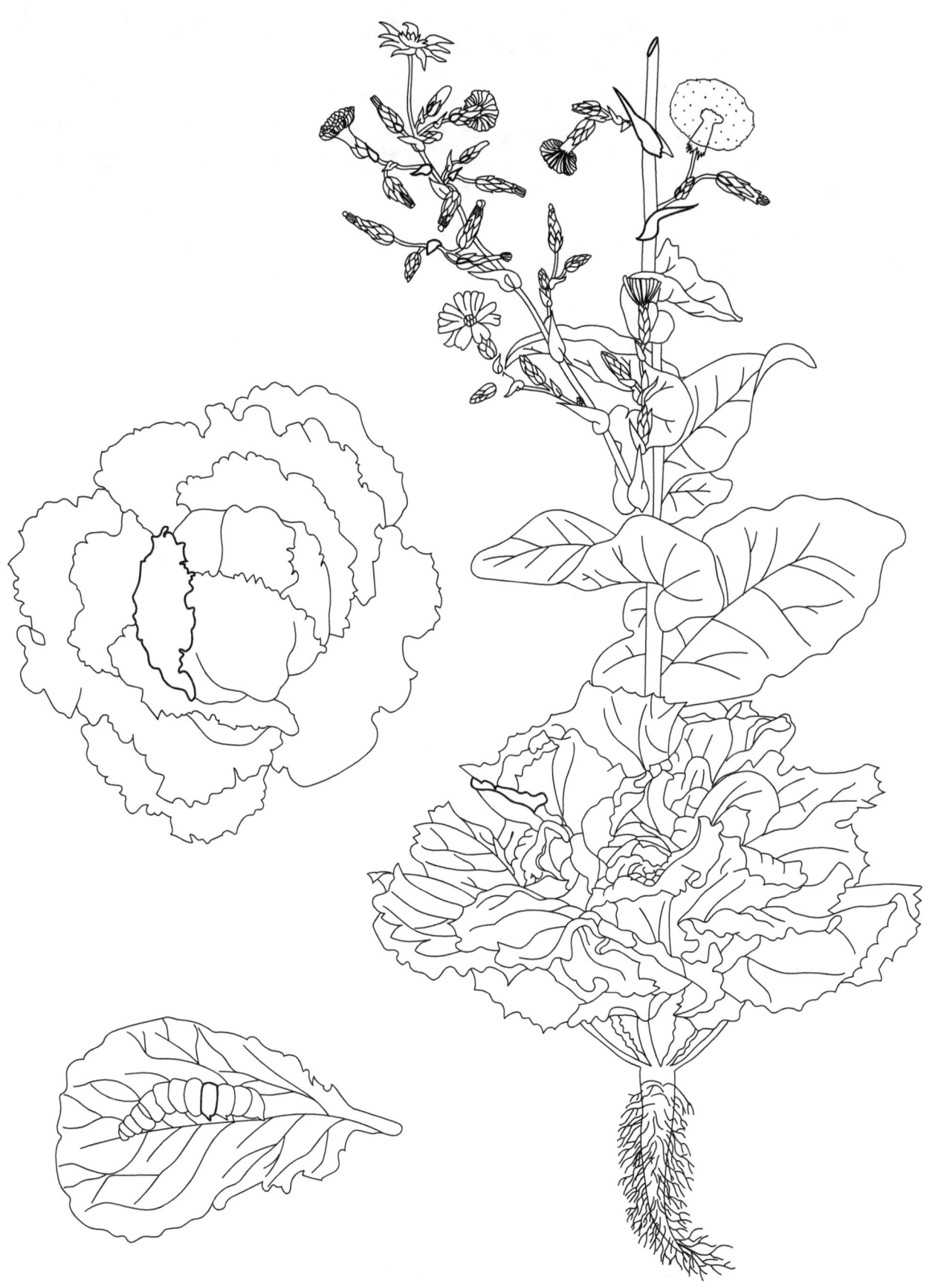

Cinnamomum verum (Cinnamon)

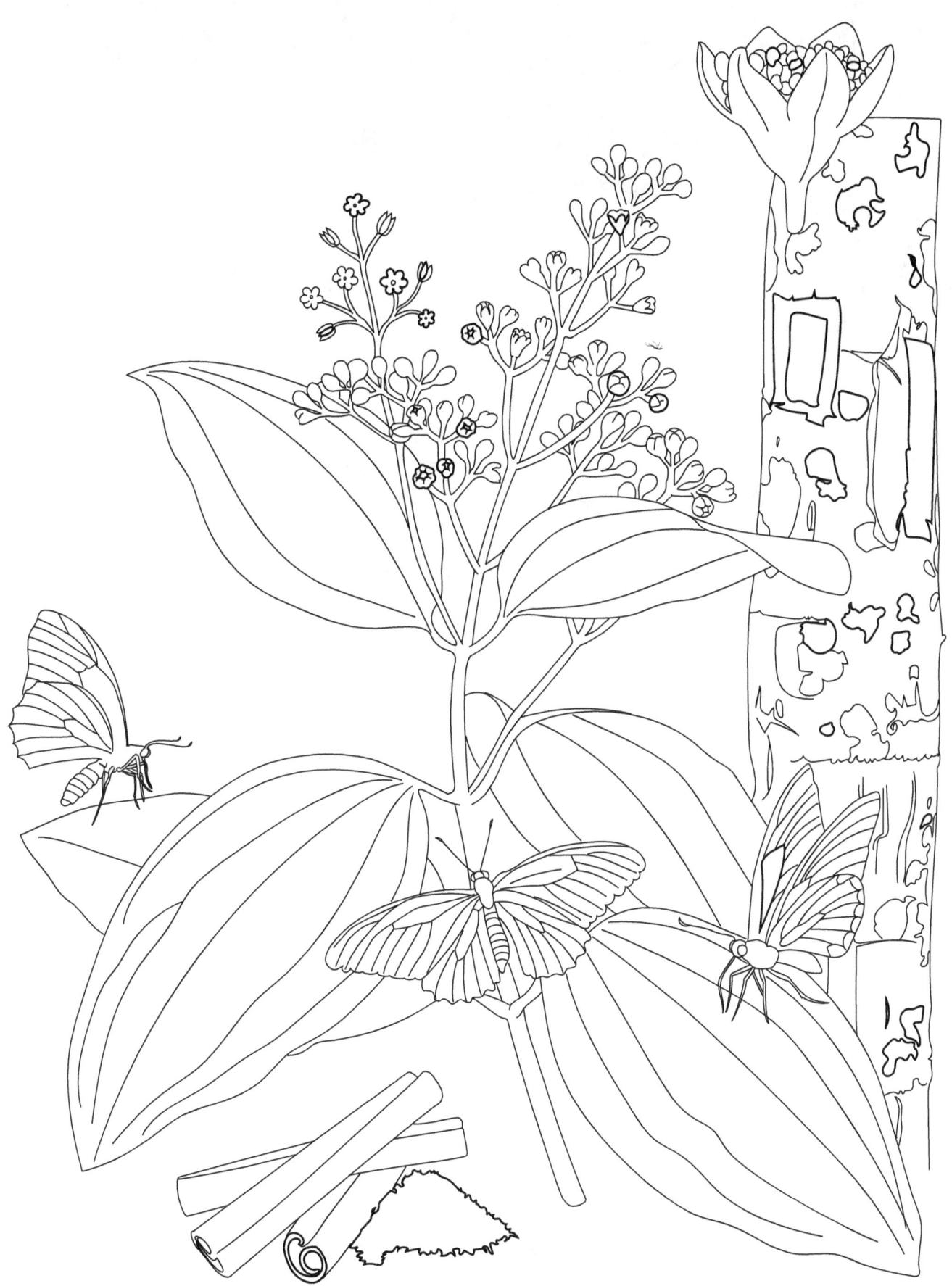

Vitis (Grape)

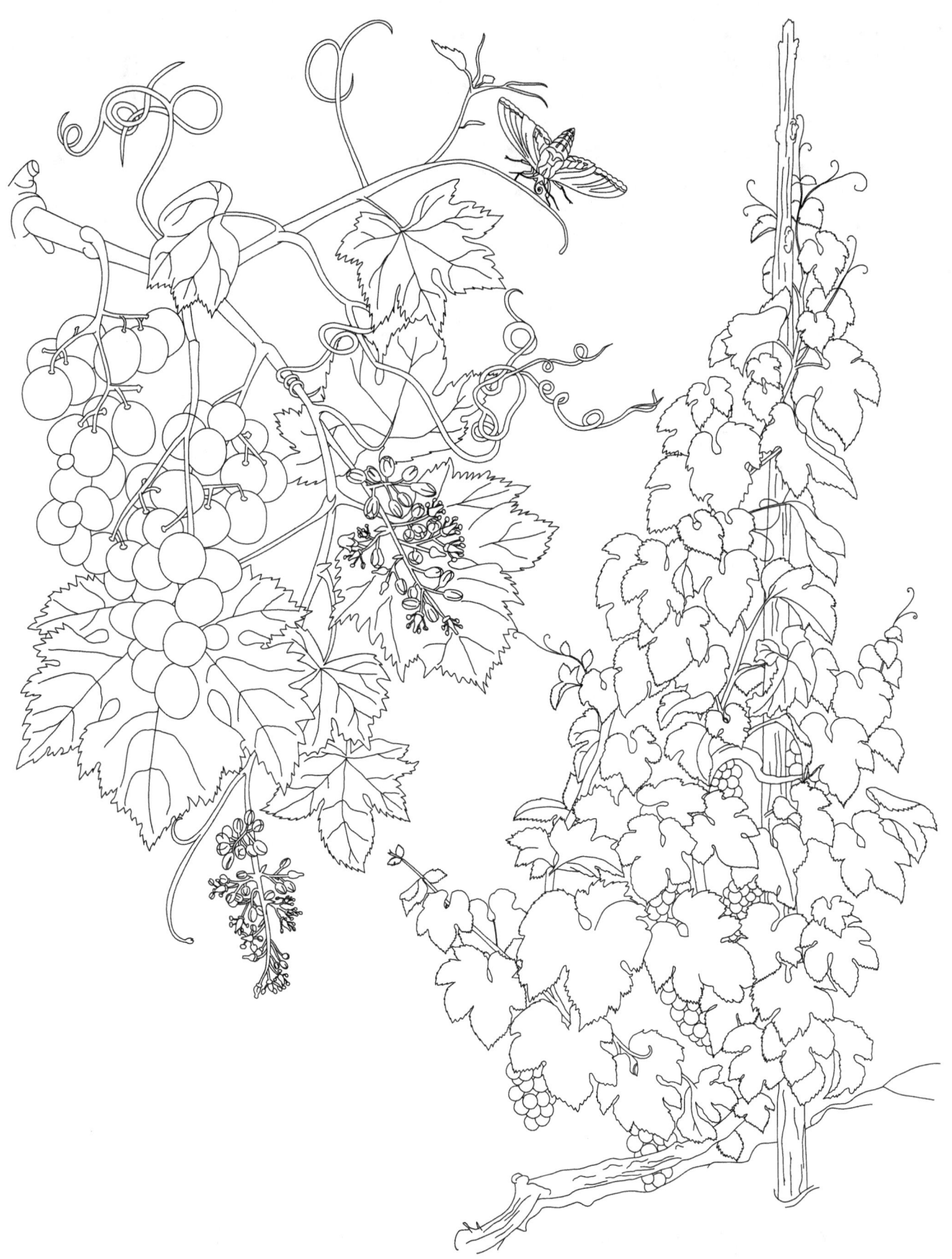

Beta vulgaris subsp. vulgaris Conditiva Group (Beet)

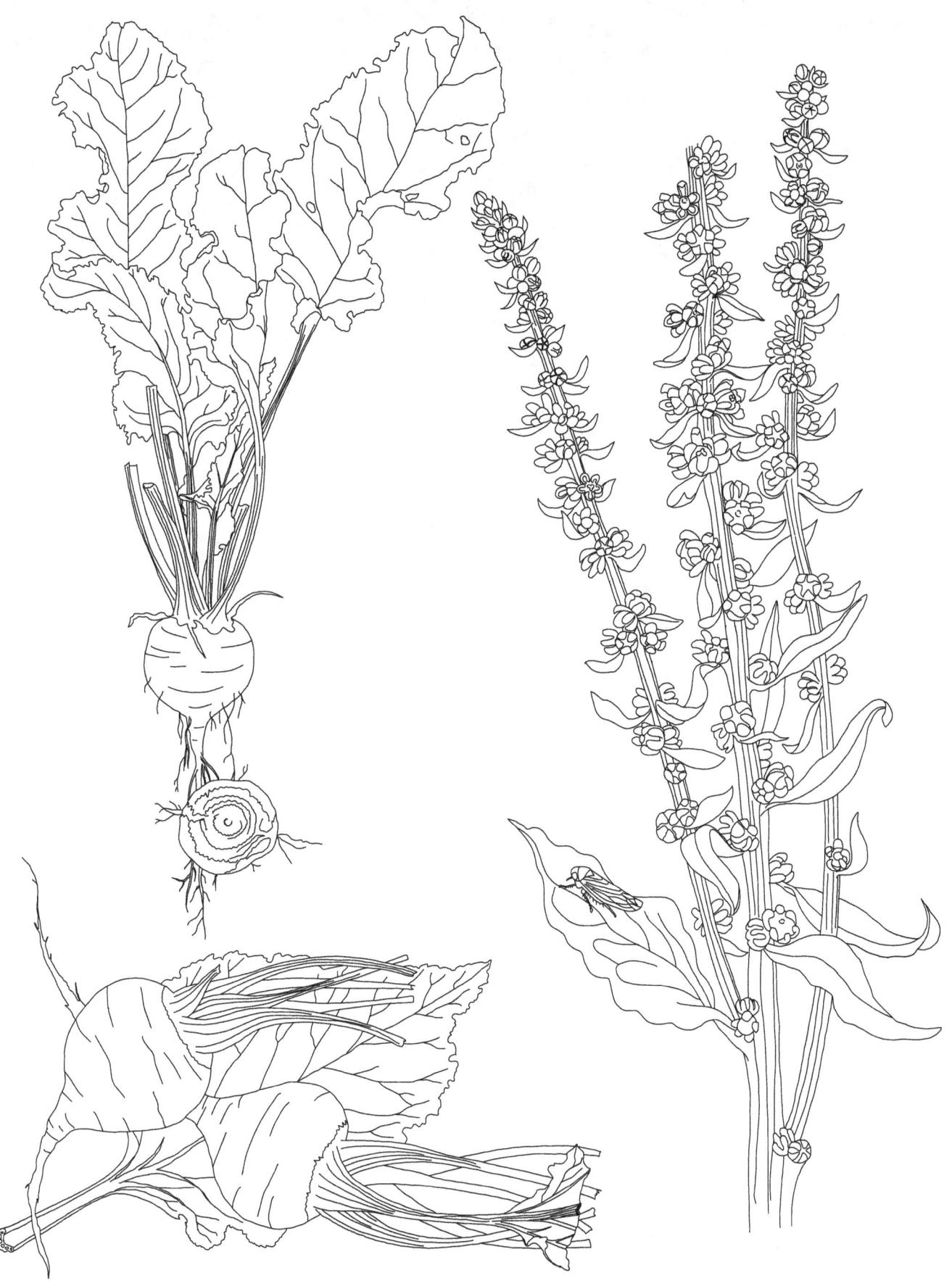

Brassica oleracea var. gemmifera (Brussels Sprout)

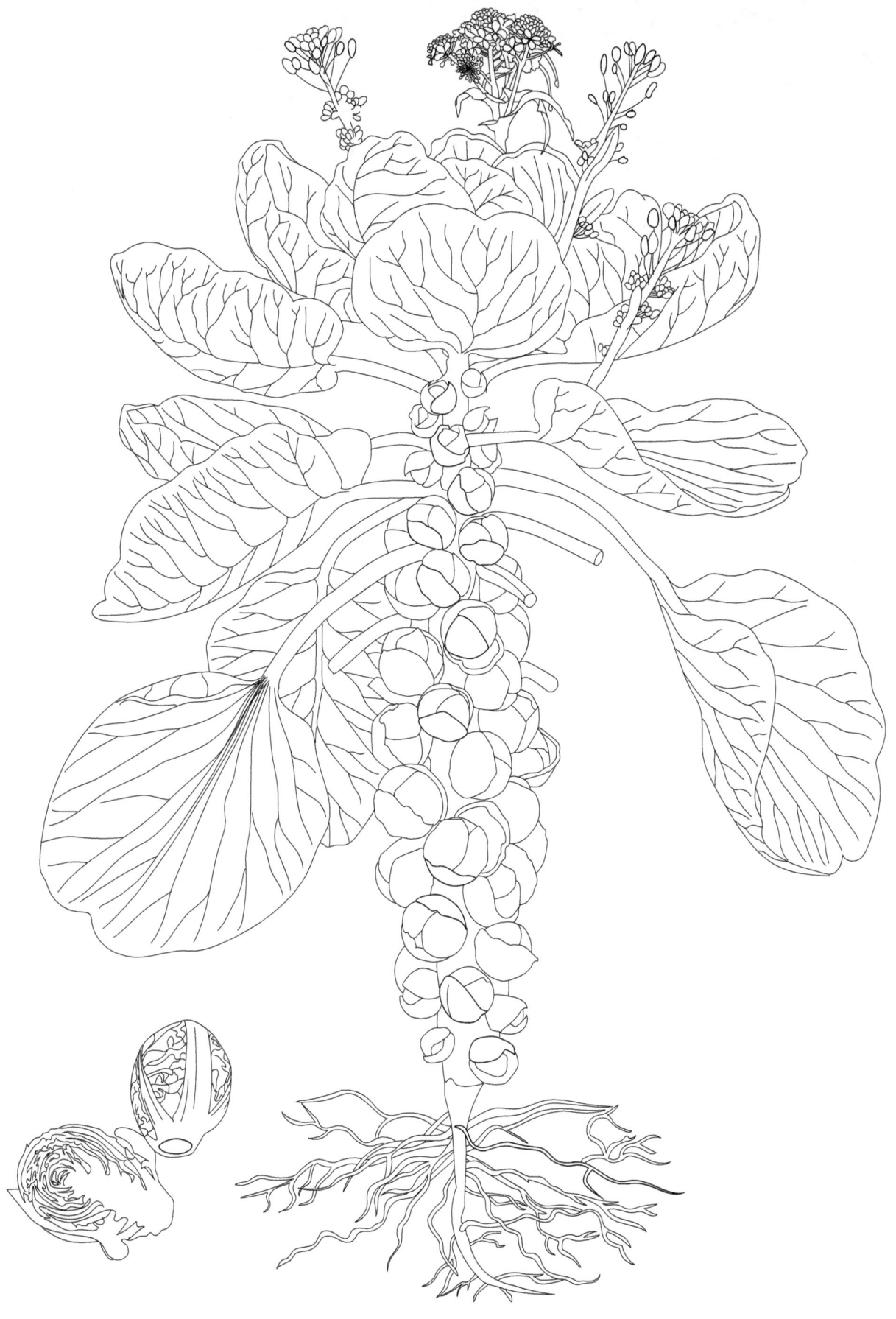

Apium graveolens (Celery)

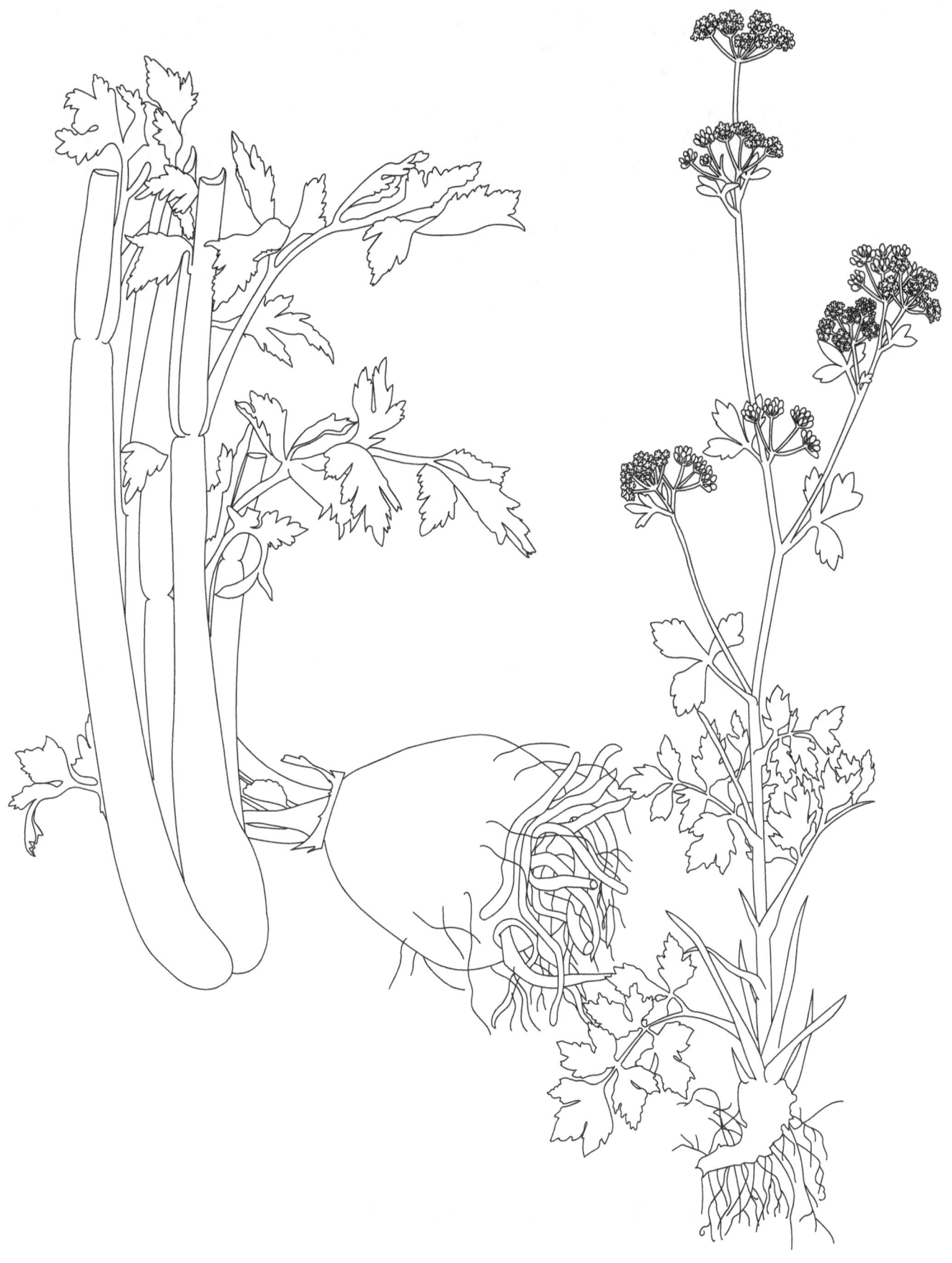

Saccharum officinarum (Sugarcane)

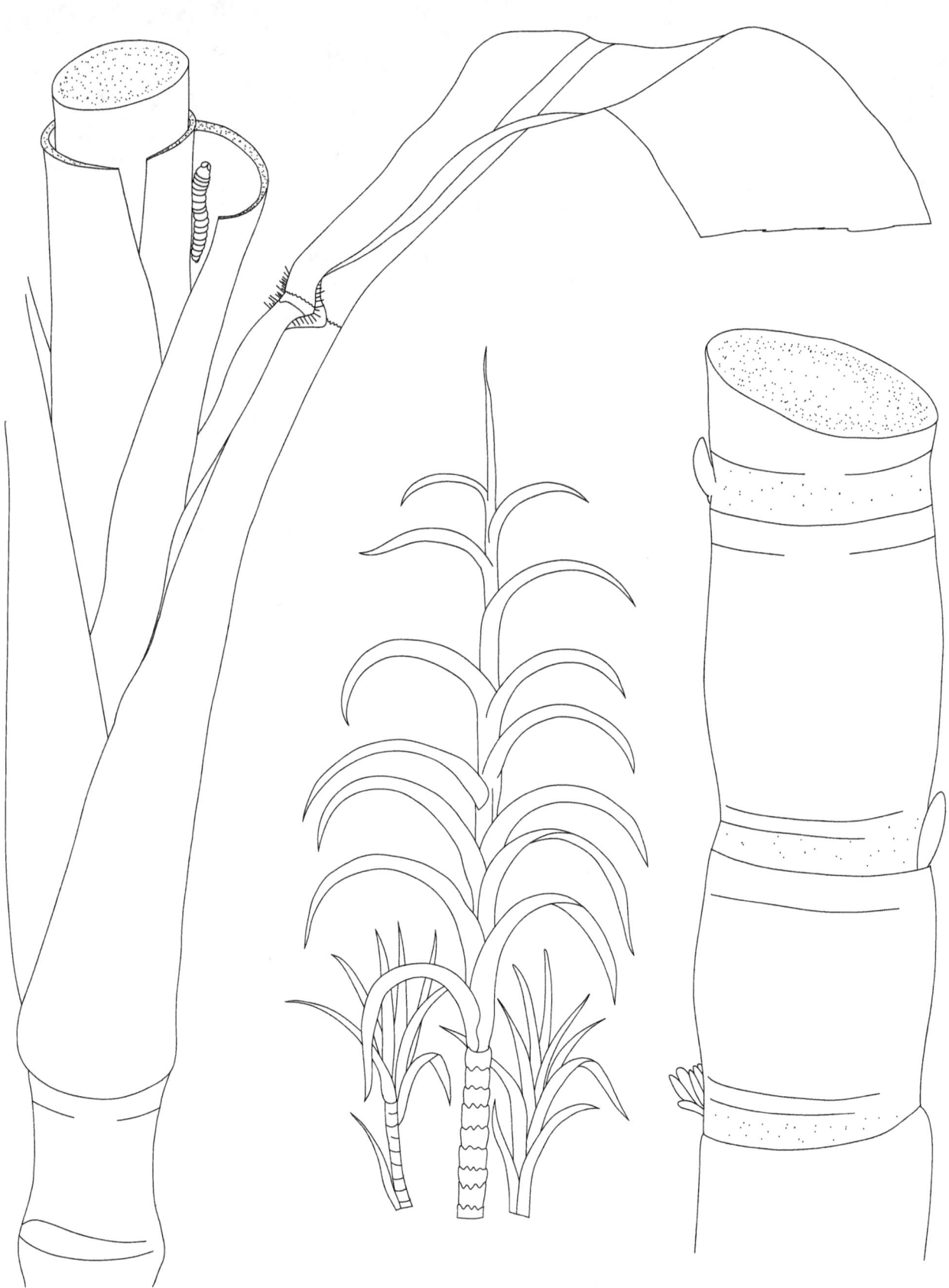

Allium sativum (Garlic)

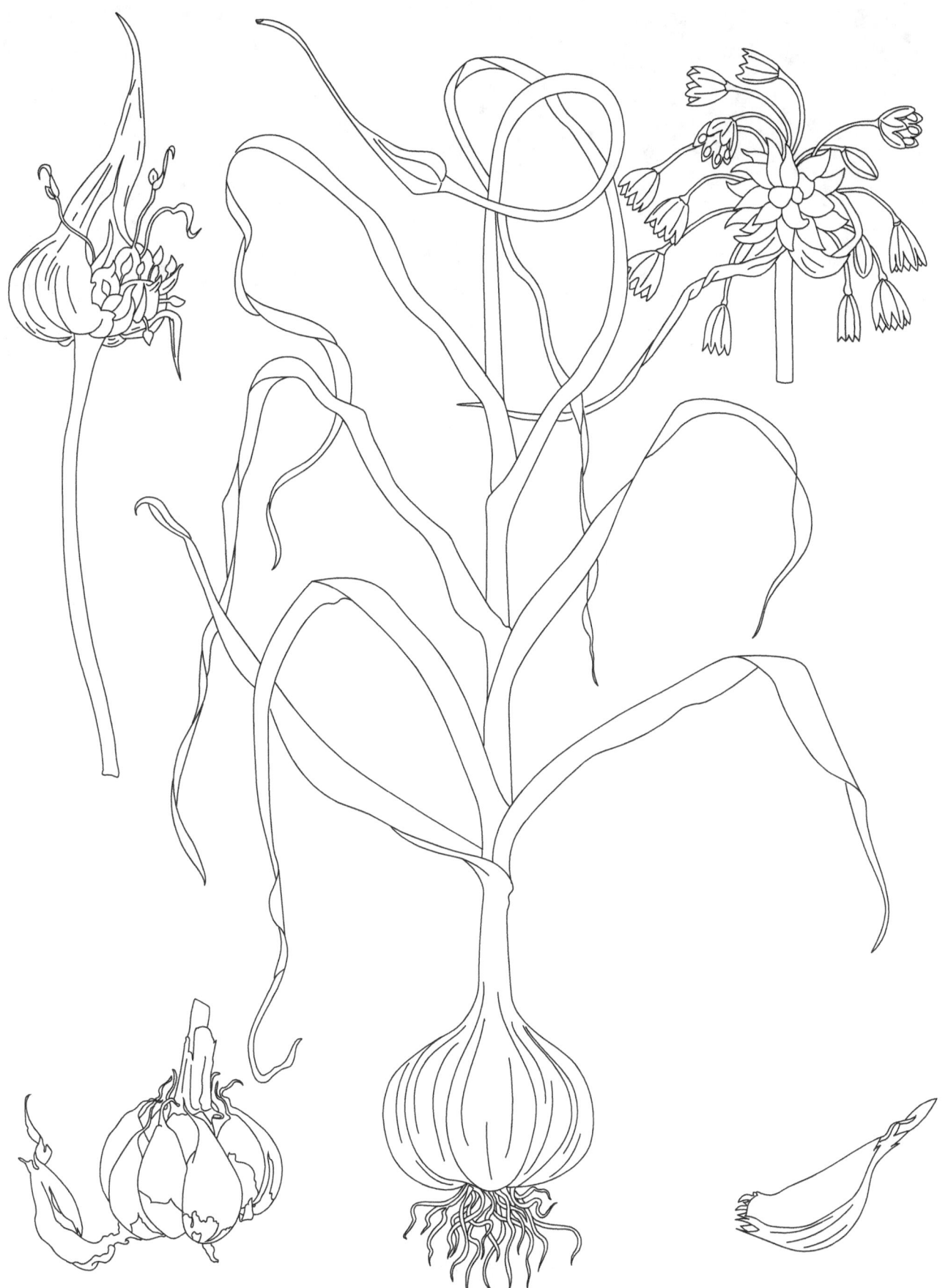

Solanum melongena (Eggplant)

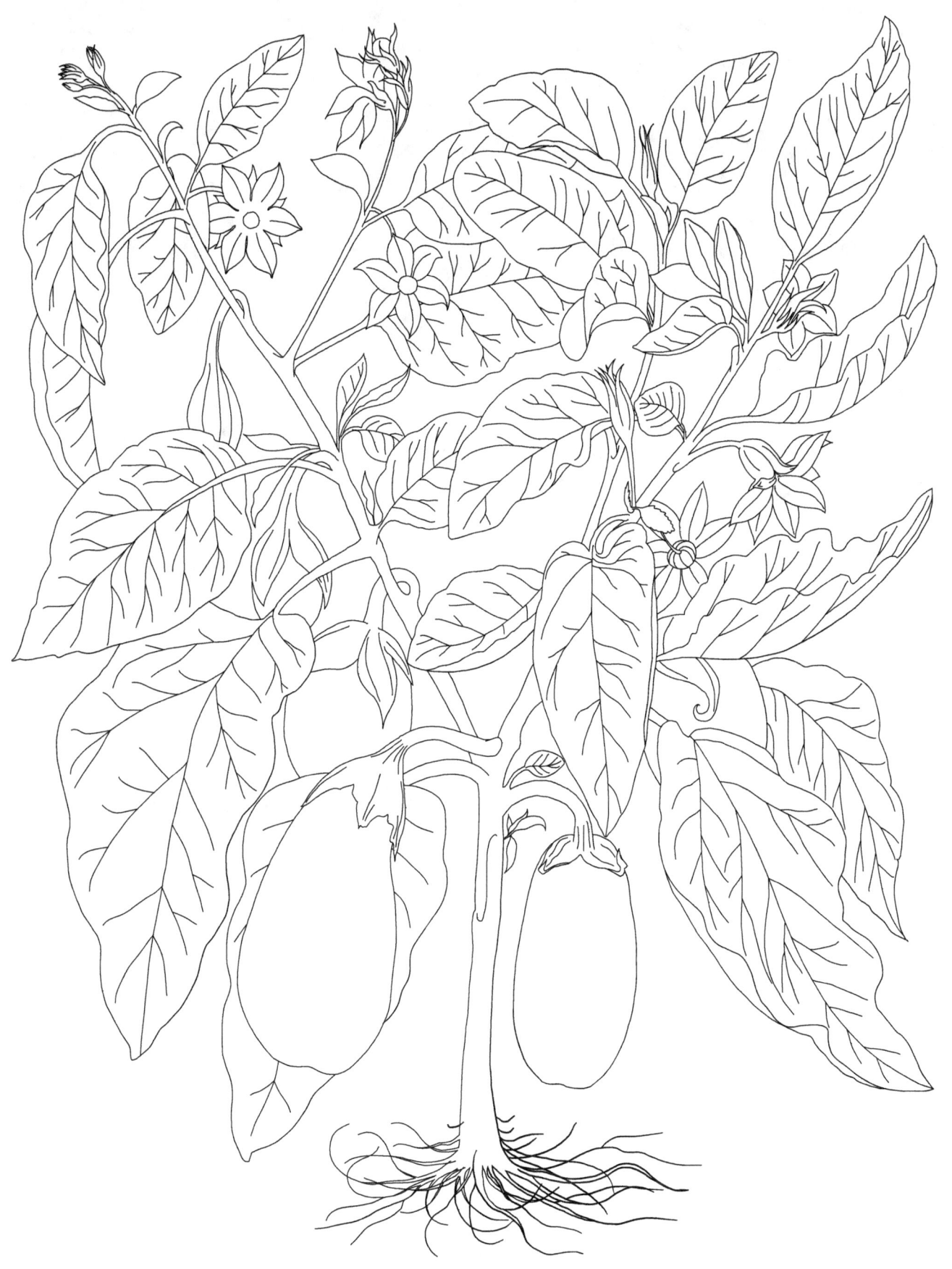

Rubus idaeus (Raspberry)

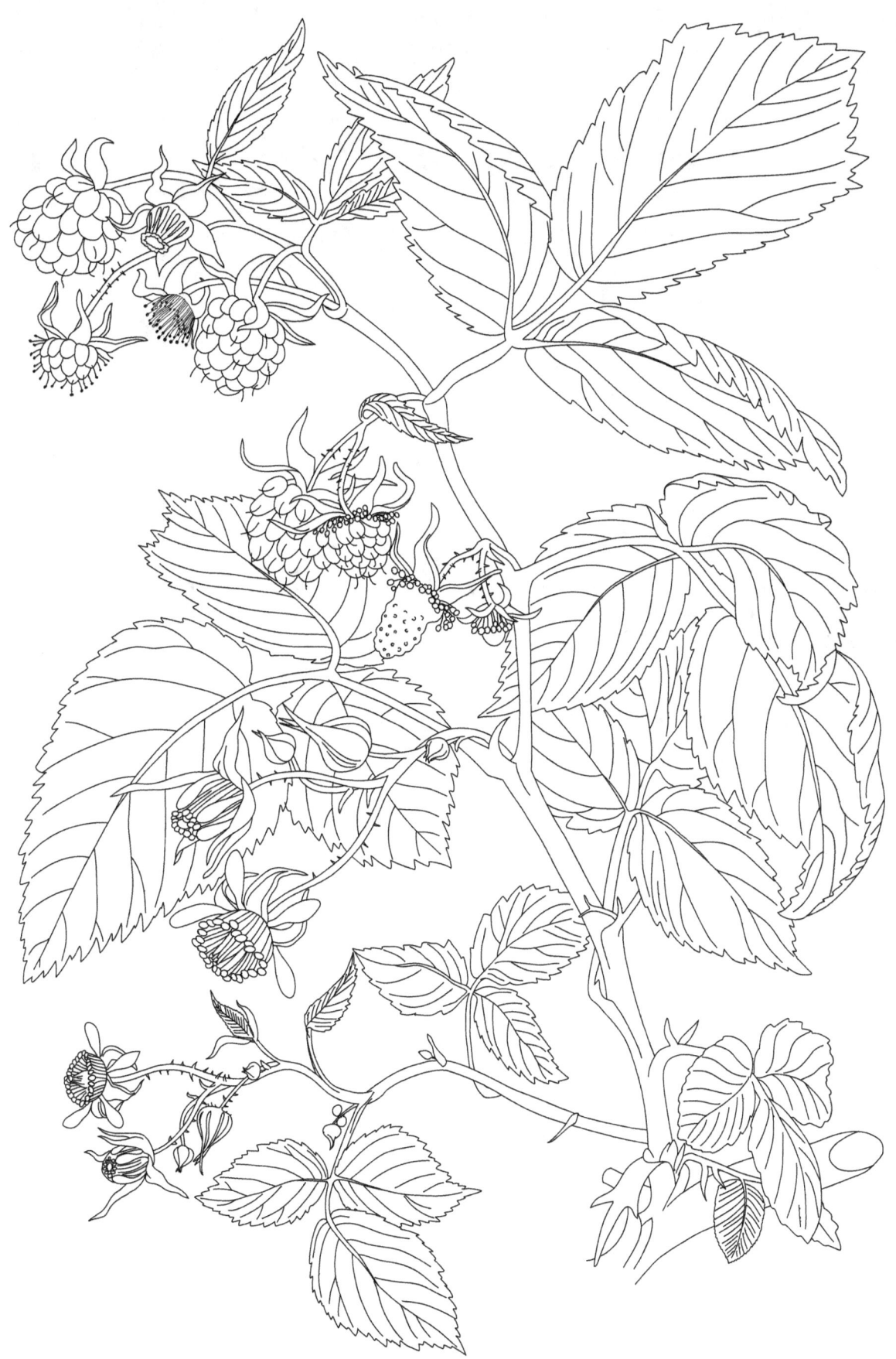

Special thanks to this little guy, and his brothers and sisters for helping keep plants grow.

Apis (Honey Bee)

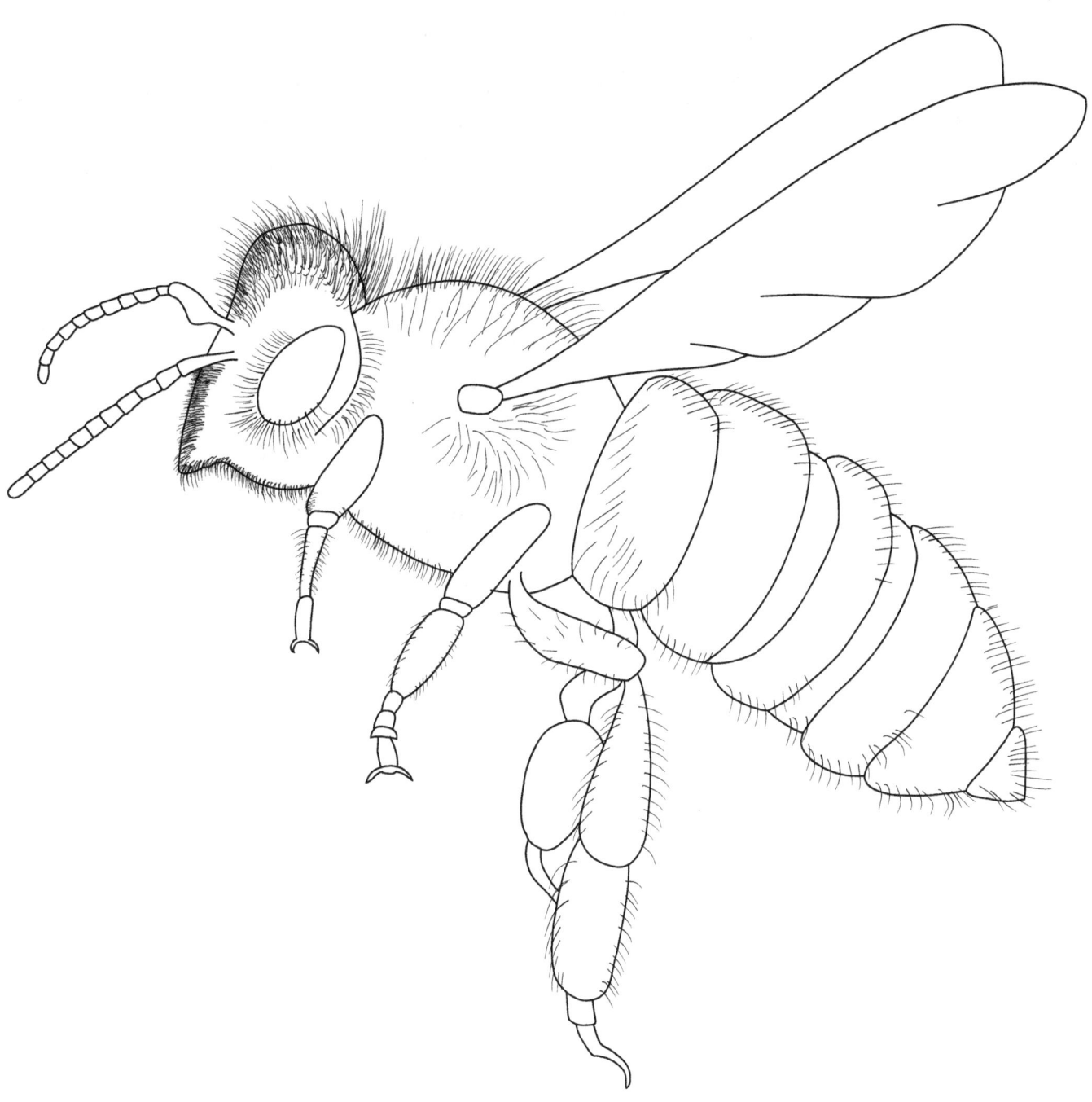

www.ingramcontent.com/pod-product-compliance
Lightning Source LLC
Chambersburg PA
CBHW081531220526

45467CB00010B/3127